사막으로 간
대주교

삼성언론재단 총서

사막으로 간 대주교

초판1쇄 인쇄 2010년 11월 20일
초판1쇄 발행 2010년 11월 25일

지은이 김소일
펴낸이 이영선
펴낸곳 서해문집
이 사 강영선
주 간 김선정
편집장 김문정
편 집 송수남 임경훈 김종훈 김경란 정지원
디자인 오성희 당승근
마케팅 김일신 이호석 이주리
관 리 박정래 손미경

출판등록 1989년 3월 16일 (제406-2005-000047호)
주 소 경기도 파주시 교하읍 문발리 파주출판도시 498-7
전 화 (031)955-7470 | **팩스** (031)955-7469
홈페이지 www.booksea.co.kr | **이메일** shmj21@hanmail.net

ISBN 978-89-7483-451-7 03900

이 도서의 국립중앙도서관 출판시도서목록(CIP)은 e-CIP 홈페이지(http://www.nl.go.kr/ecip)에서
이용하실 수 있습니다.(CIP제어번호: CIP2010004072)

사막으로 간
대주교

김소일 지음

서해문집

그리스도교 역사에서 4세기는 격동의 시기였다. 313년 밀라노 칙령
으로 교회에 대한 박해는 사라졌다. 그러나 이제 막 신앙의 자유를
얻어낸 그리스도교 앞에 탄탄대로가 깔린 것은 아니었다. 그리스도
교가 로마제국의 국교가 되기까지는 아직 긴 혼란과 갈등의 세월이
남아 있었다. 외부로부터 탄압이 사라진 자리에는 교리를 둘러싼 논
쟁이 불꽃처럼 폭발했다. 정통과 이단이 목숨을 걸고 대립했다. 시장
에서, 거리에서, 술집에서 격한 교리 논쟁이 벌어졌다. 어느 쪽이 정
통인지는 분명하지 않았다. 황제의 종교적 성향에 따라 세력의 추가
흔들렸다. 종종 유혈 폭동이 발생했다. 정치와 종교, 황제와 주교, 성
聖과 속俗, 진리와 거짓이 뒤엉킨 치열한 쟁투가 벌어졌다. 이집트 사
막에서는 금욕과 고행의 수도 문화가 꽃을 피우고, 새로운 영성 운동
으로 퍼져 나갔다. 과거의 지위를 잃어가던 이교異敎들은 곳곳에서 부
활과 생존을 위해 몸부림쳤다. 이 혼란의 세기를 거쳐 그리스도교는
'황제의 종교', '제국의 국교'로 자리 잡았다. 황제는 주교 앞에 무릎
꿇고 용서를 빌었다. 정통은 수많은 이단을 물리치고 교회의 중심이
되었다. 4세기는 그런 잉태와 산고産苦의 시기였다.

아타나시우스는 4세기를 통틀어 교회사의 무대에서 가장 찬연히

빛나는 인물이다. 그는 자신이 믿는 진리를 수호하기 위해 두려움 없이 고난의 길을 선택한 불굴의 투사였다. 46년 동안 이집트 알렉산드리아의 대주교였지만, 다섯 번이나 주교직에서 쫓겨나는 파란만장한 삶을 살았다. 도피와 은거와 유배로만 20년 가까운 세월을 보냈다. 수도승과 다름없는 엄격한 자기 절제, 신념에 찬 용기, 진리를 향한 뜨거운 열정은 그의 삶을 관통한다.

아타나시우스를 보면 4세기의 교회사가 보인다. 그의 삶에는 그리스도교 역사에서 가장 중요한 논쟁인 예수 그리스도의 신성神性 논쟁이 고스란히 녹아 있다. 예수를 곧 신으로 보는 삼위일체Trinitas론이 교회의 정통 신앙으로 자리 잡기까지, 이단과 정통의 격렬한 싸움을 볼 수 있다. 결국 그는 승리했고, 예수는 신이 되었다. 이를 긍정적으로 보든, 부정적으로 보든 그것은 오늘날의 그리스도교를 지배하는 교리가 되었다. 그의 삶에는 또한 갓 피어나기 시작한 사막의 수도 문화와 밤하늘의 별처럼 빛나는 매혹적인 은수자隱修者들이 등장한다. 신약성경 27권이 정경正經 Canon biblicus으로 결정되기까지 벌어진 논란과 그의 역할을 읽을 수 있다.

이처럼 중요하고도 흥미로운 인물이 막상 우리에게는 매우 생소하다. 그는 삼위일체론과 더불어 지나치게 학문의 영역에서만 다뤄져왔다. 교회사나 교부학patrologia 분야의 저술과 논문을 제외하면, 일반인이 읽을 만한 전기류나 안내서도 드물다. 국내에서는 단행본 연구서나 번역서를 찾기 어렵다.

대체로 교부학은 어렵고 딱딱하다는 인식의 울타리에 갇혀 있다. 이로 인해 존경할만한 교부Pater Ecclesiae들이 학문의 영역에서 걸어 나와 대중과 만나기는 매우 어려웠다. 반대로 대중이 먼저 교부를 찾아 교부학의 숲으로 발을 딛는 것은 점차 미로 속에 빠져드는 일이기도 하다. 아주 기초적인 사실 관계조차 불분명하고, 학자들의 해석도 저마다 엇갈리는 경우가 많다. 한걸음 더 들어가려면 곧바로 원原 사료의 벽에 부딪힌다. 교부들의 편지나 저작물 들을 헤집어야 한다. 이런 1차 사료는 대부분 라틴어나 그리스어, 콥트어 등으로 되어 있고, 영어판 번역본을 구해보는 일조차 쉽지 않다. 국내의 2차 연구서들은 관련 용어조차 통일되어 있지 않다. 한국교부학연구회가 결성된 지 10년이 채 안 되는 현실이 이런 사정을 설명한다. 교부들의 말과 글에 숨결을 불어넣고, 그들을 살아있는 인간으로 만날 수는 없을까? 교부 문헌의 보고寶庫에서 흥미와 교양이 가득한 다큐멘터리를 엮어

낼 수는 없을까? 한문으로 된 고문헌의 바다에서 비전공자들조차도 시대와 역사를 읽어내는 다양한 작품을 길어 올리듯이 교부학의 영역에서도 그런 작업이 가능하지 않을까?

이 책은 아타나시우스의 삶을 당시의 시대적 배경과 교회사의 흐름 속에서 복원해보려는 시도다. 그의 생애를 서술하면서 그 마디마다 당대의 시대사와 교회사를 엮어 넣고자 했다. 그러나 단순한 전기적 서술은 아니다. 아타나시우스라는 흥미로운 교부를 통해 교회사의 한 세기를 뜨겁게 달군 격렬한 논쟁의 근원과 흐름, 그 성격과 의미를 파악하고자 했다. 논쟁의 전개와 귀결은 오늘날의 그리스도교를 이해하는 핵심적인 열쇠이기도 하다.

특별히 염두에 둔 것은 역사적 사실에 충실하면서도 쉽고 재미있게 쓰기였다. 즉 1차 자료와 연구 성과는 충분히 검토하되, 전문 학술 서적이나 논문의 형태가 되지 않도록 했다. 자료를 해석하면서 상상력을 충분히 발휘하되, 근거 없는 기술이 되지 않도록 조심했다. 서술의 근거를 밝히는 주註를 충실히 달았다. 어쨌거나 스스로 충분히 빛을 발하는 이 인물의 삶에 부정확한 덧칠을 하고 싶지는 않았다. 이런 원칙과 목표가 어느 정도 조화로운 결과를 이끌어냈는지 의문이다. 1600여 년 전 고대사의 인물을 복원하는 것이 쉽지는 않겠지만, 그보다는 내 역량 부족이 클 것이다.

이 책을 준비하는 과정에서 특별히 도움을 주신 분들께 감사드린다. 하성수 박사님^{한국교부학연구회 선임연구원}은 처음에 겁 없이 작성한 초고를 보여드렸을 때, 그 무모함에 놀라면서도 매우 소중하고 예리한 비판을 해주셨다. 교부학 강의를 들은 적이 없는 내가 박사님을 찾아뵐수 있었던 것은 행운이었다. 이 책은 여전히 미흡한 부분이 많지만 그나마 대강의 오류라도 걸어낼 수 있었던 것은 박사님의 질책 덕분이다. 미국 시카고에서 참 목회자의 길을 걷고 있는 장호윤 사관^{The Salvation Army Mayfair Community Church}과 장한국 군은 국내에서 구하기 어려운 여러 참고도서를 구입해 보여줌으로써 이 책의 내용을 보완하고 집필의 속도를 높이는 데 큰 도움을 주었다. 오수록 수사님^{OFM}, 정재숙 선임기자^{중앙일보}, 이창훈 위원과 남정률 기자^{평화신문}, 나의 아내 임은순^{휘경여고}은 이 원고의 첫 독자로서 경청할 만한 조언을 해주신 분들이다. 이분들의 까다롭고 타당한 지적을 반영하는 과정에서 이 책은 훨씬 나은 모습으로 다듬어졌다.

사막으로 간 대주교

끝으로 이 책을 삼성언론재단총서의 한 권으로 선정하고 출판을 지원해 준 삼성언론재단과, 훌륭한 편집과 디자인으로 책을 꾸며준 도서출판 서해문집의 관계자 여러분께 마음에서 우러나오는 깊은 감사를 드린다.

2010년 성 아타나시우스 축일에

김소일

| 차례 |

| 일러두기 |

1. 인명과 지명 표기는 한국교부학연구회가 펴낸《교부학 인명·지명 용례집》에 따랐다. 한국교부학연구회가 정한 기본 원칙은 "교부학 인명·지명은 고전 라틴어를 음역 표준으로 삼는다"는 것이다. 예컨대 불가타 성경Biblia Vulgata의 번역자인 히에로니무스는 언어권에 따라 히에로니무스, 예로니모, 제롬 등으로 불린다. 이 가운데 고전 라틴어 음역인 히에로니무스를 취하여, '히에로니무스Hieronymus'로 표기했다. 그러나 이탈리아어나 그리스어 또는 영어 표기가 널리 알려진 경우에는 이를 그대로 사용하고 괄호 속에 라틴어 표기를 넣었다. 예를 들면 사도 베드로나 바오로는 라틴어 음역인 '페트루스'나 '파울루스'를 취하지 않고, '베드로Petrus' '바오로Paulus' 등으로 표기했다. 또 교부학의 범위에 속하지 않는 인물들에 대해서는 일반적인 표기 원칙을 따랐다.

인물의 생몰연대와 재임기간도《교부학 인명·지명 용례집》에 따랐다. 다만 인물이나 지명의 외국어 표기와 생몰연대 등은 원칙적으로 중요한 경우에만 부기했다. '†'표시는 사망 연도를 뜻한다.

2. 교회사와 교부들의 생애에서 주요 사건의 발생 시점은 학자에 따라 견해가 엇갈리는 경우가 많다. 이 책은 로버트슨Archibald Robertson이 *NPNF* 2nd ser. vol. IV의 서문에서 정리한 연표를 기본으로 하되, 필요할 경우 다른 연구자들의 견해를 곁들였다.

3. 교부학의 용어와 교부들의 저서 제목은 아직 우리말 표준이 마련되지 않

사막으로 간 대주교

왔다. 예를 들면 성령의 신성을 부정한 신학 유파를 가리키는 Pneumatomachi 라는 용어는 성령 피조설파, 성령 적대론파, 성령 훼손파, 성령 이단론파 등으로 다양하게 불린다. 이 책은 대체로 드롭너Hubertus R. Drobner의 《교부학》하성수 옮김, 분도출판사, 2001에 사용된 번역 용어를 따랐다.

4. 그리스도교Christianitas라는 명칭은 동·서방 교회와 신·구교를 모두 포함하는 개념이다. 따로 사용해야 할 경우에는 동방 교회, 서방 교회로마 교회, 가톨릭, 개신교 등으로 표기했다. 4세기는 아직 공식적으로 그리스도교가 분화되지 않은 시기이므로 동방 교회, 서방 교회라는 명칭이 올바른 용어는 아니다. 당시 로마제국의 그리스도교는 크게 5개의 지역교회총대주교구로 나뉘어져 있었다. 동방 교회라는 말은 대체로 제국 동방에 속하는 콘스탄티노플, 알렉산드리아, 안티오키아 교회를 가리킨다.

고대 교회의 성직 위계에 대해서는 총대주교, 대주교주교, 사제, 부제 등의 명칭을 사용했다. 이런 용어는 신·구교 사이에 통일되어 있지 않다. 특별히 서방 교회로마 교회의 총대주교를 일컫는 경우, 이해를 돕기 위해 '교황'으로 표기하기도 했다. 4세기에는 아직 로마의 총대주교를 교황Papa으로 부르지는 않았다.

5. 성경 원문의 인용과 성경 각 권의 약어 표기는 신·구교 공동번역본인 《공동번역 성서》대한성서공회, 1977를 따랐다.

I
알렉산드리아

"아타나시우스를 예찬하는 것은
덕德 그 자체를 예찬하는 것이다. 그는 모든 덕을
온전히 지닌 분이기 때문이다."
—그레고리우스S. Gregorius Nazianzenus —
〈Oratio, XXI〉

대주교를 체포하라

아타나시우스S. Athanasius(295/300~373)의 생애에서 356년 2월 8일은 잊지 못할 날이다. 그 밤에 아타나시우스는 알렉산드리아Alexandria의 성 테오나스 성당에서 신자들과 함께 철야 기도를 드리고 있었다. 그때 군사 5000명이 성당을 에워쌌다. 콘스탄티우스 2세Constantius II(317~361 재위 337~361) 황제의 체포령이 떨어진 것이다. 군사들은 성당 문을 박차고 들이닥쳤다. 맹렬한 발길질에 문짝이 떨어져 나가고, 곧이어 끔찍한 소란이 장내를 휩쓸었다. 병사들은 닥치는 대로 창검과 채찍을 휘둘렀다. 무지막지한 손길이 남녀 수도자와 신자, 사제들을 낚아챘다. 비명과 신음이 사방에 메아리쳤다. 제대 주위의 촛불이 위태롭게 흔들렸다. 그때마다 병사들의 갑옷이 무시무시한 빛을 발했다.*

성당이 포위되고 밖이 소란해진 그 순간에 대주교는 고요히 눈을 감았다. 평생을 금욕과 절제로 살아온 그의 얼굴에는 추호의 흔들림도 없었다. 공포에 질린 신자들에게 구약 〈시편〉 136편을 소리 높여 부르도록 했다. 이집트의 압제에서 이스라엘 백성을 구한 하느님을 찬미하는 내용이었다.

> 억센 손, 그 팔을 휘두르셨다. "그의 사랑 영원하시다"
> 홍해를 둘로 쪼개셨다. "그의 사랑 영원하시다"
> 그 한가운데로 이스라엘을 건네주셨다. "그의 사랑 영원하시다"
> 파라오와 그 군대를 홍해에 처넣으셨다. "그의 사랑 영원하시다"
> 사막에서 당신 백성 인도하셨다. "그의 사랑 영원하시다"

"그의 사랑 영원하시다"를 외치는 신자들의 응송應頌은 거의 울음에 가까웠다. 예순을 눈앞에 둔 대주교는 잠시 자신의 삶을 돌아보았다. 서른이라는 젊은 나이에 알렉산드리아의 대주교가 된 지 벌써 30년 가까이 흘렀다. 그 사이에 두 번 추방당했고, 10년 세월을 유배와 도피로 보낸 파란만장한 삶이었다. 이번에는 어쩌면 목숨까지 내놓아야 할지도 모른다. 사제와 수도자들이 어서 빨리 피하라고 간청했다. 아타나시우스는 잠시 망설였지만 이내 결정을 내렸다. 목숨은 아깝지 않았지만 진리가 패배하도록 내버려 둘 수는 없는 일이었다. 그는

---

* 아타나시우스는 그의 저술 《도피에 관한 변론Apologia de fuga sua》에서 이날 밤의 상황을 증언한다. 위의 서술은 다소 각색한 것이다. (Athanasius, *De Fuga*, 24, in *NPNF* 2-IV, pp. 263-264 참조)

또 한번 고난에 찬 투쟁을 결심하고 신의 보호를 간구했다. 신자들을 향해 두 팔을 높이 치켜들고 하느님의 축복을 빌었다. 흔들림 없는 신앙을 강조하는 짧은 당부를 남기고 그는 어둠 속으로 몸을 감췄다. 밤의 어둠과 소란한 분위기 덕에 대주교는 몸을 피할 수 있었다. 이후 그는 다시 6년을 숨어 지내야 했다.

4세기의 교부Pater Ecclesiae 성 아타나시우스는 흔히 '정통 신앙의 아버지'로 불린다. 그의 일생은 영광과 굴욕이 교차했다. 세상은 그를 존경했고, 또한 그를 박해했다. "아타나시우스는 세상과 맞섰고, 세상은 아타나시우스와 맞섰다Athanasius contra mundum, et mundus contra Athanasium."1 그의 생애를 너무나 적절히 표현한 말이다. 후세의 사가史家들은 그를 이렇게 평했다.

> 거세게 몰아치는 박해의 와중에서도 이 알렉산드리아의 대주교는 인내심으로 버텼으며, 명성만을 소중히 여기고 일신의 안전 따위는 염두에도 두지 않았다. 그는 인품이나 능력 면에서 탁월함을 보여주었으니, 대제국을 통치할 자격 면에서 본다면 콘스탄티누스의 못난 아들들보다 훨씬 더 나았다.2

니케아 시대의 중심에 두 인물이 있다. 콘스탄티누스가 정치적·세속적 중심이라면 아타나시우스는 신학적·교회적 중심이었다. 두 사람 모두에게 '대大'라는 칭호가 붙는다. 이 칭호는 아타나시우스에게 더 잘 어울린다. 그는 지적·도덕적으로 진정 위대했고, 오류와 권력에

맞선 긴 투쟁으로 그것을 입증했다.[3]

앞의 평자評者는 《로마제국 쇠망사》를 쓴 에드워드 기번Edward Gibbon
이고, 뒤는 방대한 분량의 《교회사》를 저술한 19세기 교회사가 필립
샤프Philip Schaff다. 세기의 명저를 남긴 두 저자는 모두 아타나시우스
를 황제와 비유한다. 그는 황제에게 핍박받았지만, 역사 속에서 황제
보다 빛났다.

그의 외모는 볼품이 없었다고 전한다. 몹시 작은 키에 구부정했다.
잦은 단식과 모진 고생이 그의 허리를 휘게 했을 것이다. 그런 그를
교구민들은 너무도 사랑했다. 알렉산드리아의 신자와 이집트 사막의
수도자 들은 그를 '참다운 하느님의 사람', '하느님 교회의 주춧돌'
이라 부르며 존경해 마지않았다. 같은 시대의 교부인 나지안주스
Nazianzus의 그레고리우스S. Gregorius(280경~374)는 그에게 '산 자들 가운
데서 가장 위대한 청지기'라는 찬사를 바쳤다. "아타나시우스를 예찬
하는 것은 덕德 그 자체를 예찬하는 것이다. 그는 모든 덕을 온전히
지닌 분이기 때문이다."[4] 다분히 수사학적 표현이지만 아타나시우스
에게 바치는 당대인들의 존경심을 전해주기에는 부족함이 없다.

알렉산드리아

나일 강 하구에 위치한 항구 도시 알렉산드리아는 고대 그리스도교

역사에서 매우 중요한 곳이다. 아프리카 대륙 깊숙한 곳에서 발원해 지중해로 흘러드는 나일 강은 그 하구에 부채꼴의 삼각주와 여러 호수를 만들었다. 그 서쪽 끝에 있는 큰 호수가 마레오티스Mareotis 호다. 이 호수와 지중해를 분리하는 기다란 모래 언덕에 알렉산드리아가 위치한다. 파로스Pharos 등대로 유명한 파로스 섬이 천연 방파제 역할을 해주고, 지중해변의 모든 도시와 뱃길로 연결되는 천혜의 항구다.

이 도시는 기원전 4세기에 알렉산드로스 대왕Alexandros Magnus(기원전 356~323)이 세웠다. 약관의 청년으로 동으로는 인도 서북부에서, 서로는 지중해 그리스 문명권에 이르는 대제국을 만든 알렉산드로스 대왕이 야심차게 자신의 이름을 걸고 세운 도시다. 그는 항해와 무역, 건축 분야 전문가들의 자문을 받아 도시 위치를 선정하고, 최고의 건축가 데이노크라테스Deinokrates에게 도시 설계를 맡겼다. 알렉산드로스는 이 도시가 자신이 정복한 헬레니즘 대제국의 본산으로서 그리스 문명의 아테네를 능가하는 새로운 문명의 중심지가 되기를 희망했다.

알렉산드리아는 대왕의 바람대로 인류 최초의 세계도시cosmopolis가 되었다. 상업과 교역이 번성하고, 학문과 예술이 꽃피고, 동서 문명이 교차 융합하는 국제적인 도시로 성장했다. 그리스인 역사가 디오도로스Diodoros Sikelos는 기원전 60년경 이 도시를 방문한 뒤 이렇게 경탄했다. "아름다움과 규모, 부유함과 편리함 그리고 화려함에서 알렉산드리아와 견줄 만한 도시는 없다."[5]

알렉산드로스 대왕이 서른셋 젊은 나이로 갑자기 죽자, 그의 휘하 장수인 프톨레마이오스Ptolemaeos I(기원전 367~283)는 알렉산드리아를 수도로 새로운 왕국을 건설한다. 이 왕조는 270여 년 동안 15명의 왕을 배출하며 성세를 누렸다. 프톨레마이오스 왕조의 마지막 여왕이 클레오파트라Cleopatra VII(기원전 69~30)다.

그녀는 로마제국이라는 신흥세력이 팽창해오자, 절세의 미모로 적장을 유혹해 왕국의 안녕을 꾀한다. 율리우스 카이사르에 이어 마르쿠스 안토니우스까지 정념의 포로로 사로잡은 그녀의 화려한 생은 그러나 비극적 결말로 이어진다. 로마의 패권을 둘러싼 안토니우스와 옥타비아누스의 대결에서 안토니우스-클레오파트라 연합군은 악티움 해전에서 결정적으로 패한다. 옥타비아누스는 알렉산드리아로 입성하고, 안토니우스는 한 발 앞서 자살로 생을 끝낸다. 클레오파트라는 옥타비아누스와 대면하지만 둘 사이에 또 한 번의 불꽃은 일어나지 않는다. 결국 그녀는 안토니우스의 무덤에 마지막 꽃을 바친 뒤, 서른아홉의 농염한 몸을 황금 침대에 누인 채 미리 준비한 독사가 든 항아리에 손을 넣는다. 로마사의 찬란한 영웅과 절세미모의 여왕이 펼치는 세기적 사랑과 비극의 무대가 바로 알렉산드리아였다.

알렉산드리아는 또 학문의 도시였다. 프톨레마이오스 1세의 학문 장려 정책으로 세상의 모든 지식이 알렉산드리아로 모여들었다. 이 도시의 학문적 명성은 왕립 학문연구소인 무세이온Mouseion과 부속기관인 알렉산드리아 도서관Bibliotheca Alexandrina에서 나온다. 알렉산드리아 도서관은 움베르토 에코를 비롯한 서구 지성인들의 상상력을 자극할 만큼 그 전모와 성쇠의 과정이 전설로 남아있다. 이 도서관의

알렉산드리아 도서관 인류사에 빛나는 지식의 보고(寶庫)였다. 아리스토텔레스의 제자 데메트리오스(Demetrius)가 초대 관장을 맡은 이래 수십 만 권의 두루마리 책들을 소장한 것으로 추정한다. 사진은 2003년 유네스코의 지원으로 재건된 새 알렉산드리아 도서관으로, 이집트의 떠오르는 태양이 반쯤 물에 잠긴 아름다운 모습으로 설계되었다.

두루마리 장서藏書 수는 전성기에 40~50만 권에 이르렀다고 추정하지만, 70만 권으로 기록한 자료도 있다. 그야말로 당시까지 인류 지식의 총집합이었다. 무세이온은 당대의 저명한 학자들이 모인 연구소이자, 현대적 의미에서 최초의 대학이었다. 문헌학을 비롯해 수학, 물리, 지리, 천문, 의학 같은 자연과학 분야의 저명한 인재들이 모여들어 국가의 급여를 받으며 마음껏 연구하고 제자들을 육성했다.

이 도시에서 유클리드는 《기하학 원론》을 집필했고, 에라토스테네스는 지구의 둘레를 계산했다. 아리스타르코스는 지구가 태양의 주위를 돈다는 것을 발견했고, 헤로필로스는 인간의 시체를 해부했다. 천문학자 프톨레마이오스는 이 도시에서 일식, 월식을 예측하고 '알마게스트'라는 아랍어 제목으로 더 널리 알려진 《천문학 집대성》을 저술했다. 목욕탕에서 '유레카eureka!'를 외친 아르키메데스는 알렉산드리아의 무세이온에서 기하학을 배웠다. 그리스에서 태어난 프톨레마이오스나 아르키메데스가 알렉산드리아에서 학문 활동을 한 것만 봐도 이 도시의 명성을 짐작할 수 있다.

알렉산드리아는 또한 종교의 도시였다. 이집트의 전통 신들과 그리스 로마의 신을 섬기는 다양한 신전들이 도시 곳곳에 산재했다. 초기 그리스도교도 일찍부터 이 도시에 뿌리를 내렸다. 전승에 따르면 〈마르코 복음〉의 저자 마르코가 이 도시에 신앙의 씨를 뿌렸다. 이 전승은 불확실하지만, 이집트 교회는 이미 2세기 말엽에 굳건한 조직을 갖춘 모습으로 역사에 나타난다.

4세기 교회사를 가로지른 삼위일체Trinitas 논쟁의 주 무대 역시 알렉산드리아였다. 논쟁의 두 당사자, 아리우스Arius(256경~336)와 아타나시우스는 모두 이 도시의 공기를 호흡하며 치열한 논쟁을 벌였다. 4세기의 교리doctrina 논쟁은 서방 교회에도 번졌지만, 주로 동방에서 일어나고 그곳에서 끝났다. 특히 알렉산드리아가 중심 무대였고, 로마는 논쟁에서 한걸음 비켜나 있었다. 알렉산드리아를 언급하지 않고는 고대 교회사를 쓸 수 없다.

클레오파트라의 죽음과 함께 이집트는 로마제국의 속주로 편입되었다. 알렉산드리아는 왕국의 수도에서 속주의 행정 중심지로 전락했다. 그러나 교역과 교류, 문화와 종교의 중심지로서 위상은 쉽사리 잃지 않았다. 로마제국의 문화가 전성기에 달했을 때도 알렉산드리아는 학문과 예술의 중심지로서 로마보다 더 중요한 도시였다. 4세기

초반 로마제국의 새 수도 콘스탄티노플Constantinopolis이 건설되면서부터 알렉산드리아는 제국 동방의 최고도시라는 영예를 빼앗겼다. 그러나 이후로도 여전히 알렉산드리아는 콘스탄티노플, 안티오키아Antiochia와 함께 제국 동방의 3대 도시 가운데 하나였다.

부제副祭 아타나시우스

아타나시우스는 298년경 이집트 알렉산드리아에서 태어났다.* 그의 탄생과 성장과정에 대해서는 알려진 것이 별로 없다. 그의 집안은 비非 그리스도교 가문이었던 것 같다. 그는 알렉산드리아의 대주교 알렉산더Alexander(재임 312~328)의 부제이자 비서로서 역사의 무대에 처음 등장한다. 알렉산더는 아타나시우스가 어렸을 때 친구들과 노는 모습을 보고 가능성을 발견했다고 한다.

> 아타나시우스는 어느 날 친구들과 성직자 흉내를 내며 세례를 베푸는 놀이를 하고 있었다. 아타나시우스는 주교 노릇을 했고, 다른 친구들은 사제나 부제 역을 맡았다. 그날은 어느 순교자 축일이었는데, 마침 알렉산더 대주교가 지나가다 그 모습을 지켜보았다. 그는 아이

---

* 그의 탄생 시기는 정확하지 않다. 전통적인 견해에 따르면 295년이지만, 최근의 연구는 298년이나 300년경으로 보기도 한다. 주교 서품(328년) 당시의 나이 논란(Festal Index, III, in *NPNF* 2-IV, p. 503)을 감안하면 298년 이후가 적절하다.

사막으로 간 대주교

들에게 그들이 맡은 역할에 대해 이것저것 물어보았다. 그는 특히 아타나시우스의 대답이 정확한 것을 보고, 그를 교회의 가르침 속에서 성장하도록 안내하였다.[6]

5세기의 교회사가 소크라테스Socrates(380경~439이후)가 전하는 이 일화는 흥미롭지만 의문을 품어 볼 여지도 있다. 알렉산더는 312년에 주교가 되었기 때문에 이때 아타나시우스는 대략 열네 살 이후가 된다. 세례baptismus 놀이를 할 만한 나이는 아니었다. 이 일화를 처음 기록한 루피누스Rufinus(345~410/11)에 따르면, 이때 알렉산더 대주교는 어린 아타나시우스가 베푼 세례를 유효한 것으로 인정했다고 전한다. 아무래도 그대로 받아들이기 어려운 대목이다.

10세기의 이집트 주교인 세베루스 이븐 알 무카파Severus Ibn al-Muqaffa는 《알렉산드리아 교부들의 역사》에서 이와 다른 이야기를 전한다. 그에 따르면, 아타나시우스의 부모는 그리스도인이 아니었다. 그의 집안은 신분이 높고 부유했지만 어머니는 우상 숭배자였다. 어머니는 아들을 일찍 결혼시키려고 서둘렀지만 아타나시우스는 번번이 신붓감을 퇴짜 놓았다.

그녀는 마침내 현자賢者로 알려진 마법사를 찾아가 아들의 문제를 상의했다. 그 현자는 아타나시우스와 직접 대화를 나눈 뒤 그녀에게 충고했다. "아드님은 이미 그리스도에게 마음을 빼앗겼습니다. 그는 훌륭한 인물이 될 것입니다." 그녀는 자신이 계속 우상을 숭배하다가는 아들이 떠나버릴 것을 우려했다. 그래서 즉시 아들과 함께 알렉산더 대주교를 찾아가 세례를 받았다. 얼마 후 어머니가 죽자 알렉산더는 아타나시우스를 아들처럼 받아들여 교육시켰다. 그는 성경을 읽고 복음을 암송하며 자랐다. 나이가 되었을 때 알렉산더는 그를 부제로 서품하고 서기로 삼았다. 그는 알렉산더의 통역사 겸 연설문 담당자가 되었다.[7]

두 이야기는 공통적으로 아타나시우스가 소년시절 혹은 청년시절에 알렉산더 대주교와 인연을 맺었다고 전한다. 그 인연으로 아타나시우스는 알렉산더의 보호와 지도 아래 교회 안에서 필요한 교육을 받으며 자랐다. 루피누스는 그가 '사무엘과 같이 하느님의 집에서' 자랐다고 한다. 아타나시우스의 일생을 지배한 금욕 생활은 아마도 이 시기에 몸에 뱄을 것이다.

아타나시우스는 어떤 교육을 받았을까? 그는 이미 초기 저작들 속에서 플라톤을 반복 인용하고 아리스토텔레스의 논리학(Organon) 개념을 친숙하게 사용한다.[8] 그는 또 3세기 초에 태동한 신플라톤주의neo-Platonismus 철학도 충분히 알고 있었고, 이를 그리스도교 신학에 접목시킨 오리게네스Origenes(185경~254)에 대해서도 언급한다.[9] 이로 미루어 그는 교회의 가르침을 받기 전에 어느 정도 교육을 받은 것으로 추정할 수 있다.

교회의 교육을 받으면서부터는 아무래도 성경을 집중적으로 공부했을 것이다. 나지안주스의 그레고리우스는 그가 "구약과 신약의 모

사막으로 간 대주교

든 책들을 깊이 묵상했으며, 어느 누구도 이르지 못한 해박한 경지에 도달했다"[10]고 말한다. 물론 이는 그가 죽은 후에 헌정한 예찬 연설이다. 아타나시우스는 특히 〈시편〉에 깊은 애정과 이해를 보여준다. 어느 지인에게 보낸 편지에서 그는 어떤 상황에서 어떤 〈시편〉을 읽어야 하는지 자유자재로 인용하고 권고한다.[11] 아마도 그는 당시의 많은 수도자가 그러하듯이 〈시편〉 150편을 능히 암송했을 것이다.

아타나시우스는 이런 과정을 거쳐 부제로 서품되고, 알렉산더 대주교의 유능한 보좌가 되었다. 당시의 부제diaconus는 주교 아래에서 교회 살림을 비롯한 여러 업무를 총괄하는 자리였다. 오늘날 사제직의 전 단계인 일시적 부제와는 달랐고, 숫자도 교구마다 7인으로 한정돼 있었다. 미사Missa 중에는 성경Biblia Sacra을 봉독하고 봉헌예물을 거두고, 기도문을 낭독하고, 주교를 도와 성체聖體Eucharistia를 분배했다. 성체를 병자의 집에 전달하거나, 주교의 허가를 받아 세례를 행하는 경우도 있었다.[12]

아타나시우스는 이처럼 그리스도교의 초급 성직자로서 격랑의 4세기 교회사 속으로 발을 내딛었다. 그의 존재를 세상에 알린 첫 무대는 325년에 열린 니케아 공의회Concilium Nicaenum였다. 그리고 니케아 공의회의 배경에는 예수의 신성神性 즉 "예수는 신인가, 인간인가?"라는 본질적인 물음을 둘러싼 치열한 논쟁과 대립이 있었다.

II

신성神性 논쟁

"성부와 성자의 관계에 관한
대화에 휘말리지 않고
시장에 가기란 불가능하다"
— 소크라테스Socrates, Historicus —

아버지와 아들

예수는 신Deus인가, 인간homo인가? '성부聖父와 성자聖子의 신성'이라는 신학 용어를 일반인의 언어로 바꿔놓으면 그것은 '예수는 신인가, 인간인가?' 라는 물음으로 대치된다. 달리 말하면 예수는 신 자체인가, 아니면 신의 피조물인가? 이것은 그리스도교 역사에서 한 세기를 지배한 열띤 논쟁의 출발점이다. 이 문제는 그리스도교 신앙의 본질과 직결된 핵심 사안이었다. 유일신을 믿는 그리스도교인들이 피해갈 수 없는 질문이었다. 이를 둘러싼 갈등과 대립으로 치열한 투쟁이 벌어졌다. 정통orthodoxia과 이단haeresis이 부딪히고 파문excommunicatio과 복권, 추방과 반격이 잇따랐다. 수없는 회의가 소집되면서 교회는 몸살을 앓았다. 서로 우위를 차지하기 위해 정치세력을 끌어들이면서 로마 제국과 교회를 한 세기 이상 격동으로 몰아넣었다.

그리스도교는 배경이 된 유대교에서 유일신론을 이어받는다. 그리고 초기 그리스도교의 토양이 된 그리스 문화권의 철학적 풍토 속에서 만물의 창조주, 궁극적 실재, 유일절대자의 개념을 갖춘 하느님의 신성神性을 확립한다. 한편으로 그리스도교는 '예수가 곧 그리스도'임을 믿는 종교다. 그리스도Christus는 '기름 부음을 받은 이'라는 뜻으로 인류 구원salvatio의 메시아Messias를 가리킨다. 예수는 그리스도교 신앙의 원천이자 핵심이다. 예수 없는 그리스도교 신앙은 존재할 수 없다. 그 예수는 신일까, 인간일까?

그리스도인들에게 예수는 하느님 아버지Deus Pater, 즉 성부聖父의 아들이다. 그들은 성부의 신성을 인정하듯이 성자聖子의 신성도 인정하고 싶어 한다. 그런데 '오직 한 분의 하느님'만을 인정하는 일신론monotheismus, 만물의 근원을 하나로 보는 일원론monismus의 입장에서 보면 성부와 성자의 관계는 간단치 않다. 성자는 또 하나의 신인가? 그렇다면 신은 둘이 되는가? 만물의 근원은 하나인데, 신이 어찌 둘일 수 있는가? 예수는 인간의 몸으로 태어나 십자가에 못 박히고 죽었다. 신은 영원불멸인데 어찌 생사소멸이 있을 수 있는가?

반대로 예수의 신성을 포기해 버리면 그리스도교는 그 토대가 무너진다. 예수를 신이 아닌 인간이라고 해버리면, 그는 평범한 윤리교사로 전락하고 만다. 기껏해야 박애와 정의의 가르침을 펴다가 십자가에 못 박힌 정신적 지도자일 뿐이다. 아무리 뛰어난 선지자나 예언자라 할지라도 신앙과 숭배의 대상이 될 수는 없다. 그것은 피조물을 숭배하는 불경이다. 그리스도교가 경멸해 마지않는 우상숭배idolatria와 다를 바 없다.

'성부와 성자의 관계를 논하라'는 이 질문은 사실 종교적이라기보다는 다분히 철학적이다. 질문 자체가 헬레니즘 문화권의 철학적·사변적 풍토 속에서 제기되었다. 초대 교회가 서 있는 토양 자체가 그런 곳이었다. 예루살렘Jerusalem을 떠나온 그리스도교는 그리스 철학의 뿌리가 강하게 남아있는 지중해 연안에서 논리적 어휘와 사상을 흡수하며 자랐다.

초기 그리스도교는 '예수 그리스도Jesus Christus는 하느님의 아들이다'라는 단순명료한 명제를 내밀고 믿음을 설파했다. 그러나 플라톤과 아리스토텔레스의 후예들은 금세 이 주장을 해부학의 실험대 위에 올려놓았다. 그들은 '종속' '양태' '유출' '가현' '본질' '실체' '유사성' '동질성' 같은 이질적인 언어로 그리스도교 신앙을 해부했다.

그리스도교는 교회 안팎에서 제기된 이런 질문에 답해야 했다. 그것은 결국 그리스도교의 신학을 풍요롭게 했지만, 이런 문제를 미처 생각해 보지 않은 초기 교부들은 당황했다. 사도apostolus 시대가 끝나고 그리스도교 신학의 형성기에 저술된 교부 문헌들은 이미 이러한 고민과 모색을 담고 있다. 결과적으로 그리스도교는 이러한 철학 시험을 치르며 체질을 강화했기에 허다한 지역 종교, 민족 종교의 범주를 벗어나 인류 보편의 고등 종교로 가는 길을 열 수 있었다.

네 가지 답변

예수의 신성 즉 성부와 성자의 관계를 놓고 다양한 답변을 시도했지만 크게 보면 두 가지다. 예수를 신으로 보는 관점과 피조물로 보는 관점이다. 물론 여기서 수많은 가지치기가 발생한다.

예수를 신으로 보는 관점은 다시 완전한 신으로 보는 견해와, 성부보다는 하위의 신으로 보는 견해로 나뉜다. 전자는 이신론二神論 ditheismus의 위험성을 무릅쓰고 성부와 성자를 동격으로 놓는 것이고, 후자는 성부와 성자의 서열에 차별을 둠으로써 이를 해결하려는 시도다. 그 경계선을 오가는 이론도 있다. 성부와 성자의 일치를 주장하면서도 인간 예수에게 어느 순간 성부의 로고스logos, 이성, 말씀가 강림한 것으로 설명하거나, 성부와 성자는 결국 같은 분이지만, 때에 따라 곳에 따라 다른 모습으로 나타난다고 주장한 경우도 있다. 예수를 피조물로 볼 때도 아주 특별한, 최초의 피조물로 보는 견해가 있고, 평범한 인간으로 보는 견해가 있을 수 있다. 물론 마지막 견해는 그리스도교 신학의 영역이 아니다.

가장 좋은 답변은 예수를 최고최상의 신으로 모시면서도 이신론의 함정을 뛰어넘는 것이어야 한다. 성부와 성자의 본질적 일치와 실체적 차별을 설명하면서도 다신多神 숭배에 빠지지 않아야 한다. 이러한 논쟁은 이미 2, 3세기를 거치면서 상당히 진행됐지만, 명쾌한 해결책은 나오지 않았다. 답안지는 많았지만 대부분 오답誤쫌이었다. 이쪽 함정을 피하려다 저쪽 그물에 걸리고, 여우를 피하려다 범을 만나는 격이었다. 성부, 성자, 성령의 온전한 신성을 지켜내면서도 일체성을 입증할 모범 답안은 없는가?

논쟁은 4세기 들어 그리스도교 공인과 함께 새롭게 펼쳐진 시공간에서 다시 한 번 뜨겁게 분출되었다. 인류사에서 가장 어려운 시험 문제 즉 종교와 철학을 결합하고, 신앙의 신비를 이성의 언어로 풀어내라는 시험장에 그리스도교의 출중한 논객들이 저마다 답안지를 제출했다. 그들의 답안은 보다 정교한 논리와 새로운 용어로 포장하고 있었지만 크게 보면 역시 전통적 좌우 대립의 구도에서 그리 벗어나지 않는다. 이제 대표적인 답안지 몇 개를 살펴보자.*

우선 좀 거칠고 과격한 답변으로 '안호모이스anhomois파'가 있다. '비유사非類似파'로 번역한다. 답안지에 과감하게 '성부와 성자는 같지 않다'고 써냈다. 성자는 "모든 면에서 성부의 본질과 특성에 걸맞지 않다"는 것이다. 고르디우스의 매듭을 풀라고 했더니 칼로 잘라버렸다. 쾌도난마의 명쾌함이 있지만, 이를 어찌 정답이라고 할 것인가? 이 주장에 따르면 성자는 성부보다 격이 낮은 피조물이 된다. 풍운의 논객 아리우스가 이 답변을 써냈다가 호된 대가를 치렀다. 아타나시우스는 이 학설을 최초로 전개한 사람이 바로 아리우스라고 한다. 따라서 '아리우스파'로도 불린다.

이에 맞서는 답변으로 '호모우시오스homoousios파'가 있다. '성부와 성자는 본질이 동일하다'는 주장이다. '동일본질同一本質파'로 부를 수

---

* 각 학파의 명칭과 신학적 특징은 드롭너Drobner의 분류를 따른다. (Drobner, 《교부학》, 하성수 옮김, 분도출판사, 2001, pp. 317-322 참조)

있다. 성자를 격하시키는 아리우스파의 주장에 맞서, '예수는 온전한 신'이라고 주장하는 논리다. 이 답변은 서론, 본론은 훌륭했지만 결론이 미흡한 게 흠이었다. 결국 성부와 성자는 어떤 관계인가 라는 부분에서 설명이 불충분했다. 본질이 동일하다면 실체는 어떤가? 같은가 다른가? 다르다면 어떻게 다른가? 이런 부분을 제대로 설명하지 못했다. 이처럼 미완의 논문이었지만 그나마 가장 낫다는 평가를 받았다. 최초의 보편 공의회인 니케아 공의회가 이 답변을 최우수 논문으로 채택했다. 따라서 '니케아파' 또는 '정통파'로도 불린다. 4세기의 무대에 검투사처럼 등장한 아타나시우스가 이 학파에 속한다. 그는 이 학파의 대변자요 영수領袖였지만, 논문의 대표 집필자라고 할 수는 없다. 최소한 이 용어호모우시오스 homoousios의 저작권자가 그가 아님은 분명하다. 다만 그는 수 십 년 뒤 이 논문의 증보 개정판 발간을 주도함으로써 미완의 논문을 보다 완전하게 다듬는 데 기여했다.

A냐 B냐를 두고 사생결단의 대결이 벌어질 때, 간혹 C라는 답변에서 해결책을 찾는 경우도 있다. 정치나 외교 무대에서 흔히 통하는 이 수법이 진리의 세계에서도 통할까? 그것이 전혀 새로운 창의적인 답변인 경우에는 그럴 수도 있을 것이다. 그러나 대개는 그 새로움도 결국은 A나 B의 변형인 경우가 많다. 두 주장 사이의 단순한 절충이거나, 쟁점을 회피한 채 표현만 바꾼 경우다. 삼위일체 논쟁의 진행 과정에서도 이런 해결책이 몇 가지 제시되었다.

우선 '호모이우시오스homoiousios파'의 답변이 그러하다. 이 유파는 '성부와 성자는 본질이 유사하다'는 주장을 편다. 그래서 '유사본질類

루카 시뇨렐리 Luca Signorelli **그림, 삼위일체와 성모 그리고 두 성인**The Trinity, the Virgin and Two Saints
맨 위쪽의 둥근 원 안에 성부와 성자가 있고 그 주위를 성령이 감싸고 있다. 세 위격이 하나의 원 안에 있듯이 본
질이 하나임을 뜻한다. 가운데는 성모자聖母子가 있고 그 좌우로 미카엘 천사와 가브리엘 천사가 보호하고 있다.
아래쪽 좌우에 있는 인물은 성 아우구스티누스와 성 아타나시우스이다. 두 성인은 각각 동·서방 교회에서 삼위
일체 교리를 확립하고 수호하는데 크게 기여했다. _1510, Tempera on wood, 272 x 180cm, Galleria degli
Uffizi, Florence

似本質파'로 부른다. 앞서 나온 '본질이 동일하다호모우시오스homoousios'와 '본질이 유사하다호모이우시오스homoiousios'는 단지 철자 하나 차이다. i는 그리스어 알파벳의 ℓ이오타에 해당한다. 세기적인 논쟁의 해결책으로 단지 이오타 한 글자만 제시했다는 점은 흥미롭다. 이 답안의 약점은 모호함에 있다. 앞의 두 주장 사이에서 중용의 입장을 취하는 듯하지만, '비슷하다'는 것이 결국 어떤 것인지 쉽게 설명되지 않는다. 어쨌든 동일 본질을 거부한다는 점에서 '절충적 아리우스파'로 분류하기도 한다. 넓은 의미에서 이 범주에 넣을 수 있는 인물로 유명한 두 에우세비우스가 있다. 카이사리아Caesarea의 에우세비우스Eusebius(260/64~339/40)와 니코메디아Nicomedia의 에우세비우스Eusebius(†341/42)다. 이 때문에 '에우세비우스파'로도 부른다.

이보다 조금 늦게 '호모이스homois파'도 출현했다. 이들은 '성부와 성자는 성경의 말씀에 따라 비슷하다'는 주장을 폈다. '유사類似파'로 부른다. 에우세비우스의 후계자인 카이사리아의 아카키우스Acacius가 제안했다. 나름대로는 분열된 교회를 일치시킬 수 있는 가장 적합하고 융화로운 정식定式으로 생각했다. 이 답안의 특징은 쟁점이 된 용어 자체를 기피하고, 대신 성경을 끌어들인 데 있다. 성경을 내세우는데 누가 감히 거부할 수 있으랴. 황제들이 이 주장을 적극 후원하고 강요했다. 그러나 생명력이 길지는 못했다. 신학적으로 만족할 만한 해결책이 아니었기 때문이다.

이 네 답변은 시기에 따라 엎치락뒤치락 하며 저마다 그리스도교의 정통으로 자리 잡기 위해 투쟁했다. 뜨거운 논쟁의 한복판에 두 사람이 서 있다. 한 사람은 아리우스고, 또 한 사람은 아타나시우스다. 두 사람은 일생에 걸쳐 상대의 주장을 배격하기 위해 싸웠지만, 직접 상대한 기간은 10년이 채 안 된다. 아타나시우스가 아리우스파 척결의 임무를 띠고 알렉산드리아의 대주교가 된 것은 서른 살이던 328년, 당시 아리우스는 이미 일흔이 넘은 고령이었다. 그는 그로부터 8년 뒤인 336년에 사망한다. 물론 8년의 기간에도 반전을 거듭하는 대립이 있었지만 그것은 세기에 걸친 이 논쟁의 전개에 비하면 극히 짧았다. 아리우스 논쟁은 각각 아리우스와 아타나시우스로 대변되는 두 신학 유파의 대결을 의미한다. 그것은 아타나시우스가 대주교가 되기 전부터 분출되었고, 아리우스가 숨진 지 수십 년이 지나도록 여진餘震이 계속된 논쟁이다.

사제 아리우스

예수의 신성 문제가 고위 성직자나 학자들만의 논쟁이었다면 차라리 수습하기가 쉬웠을지 모른다. 그러나 이 논쟁에는 위로는 황제로부터 아래로는 거리의 소시민들까지 모두 끼어들었다. 나이나 직업으로 보아 추상적 이론을 판단할 능력도 없고 그러한 교육을 받은 적도 없는 사람들조차도 너나 할 것 없이 지나친 관심을 보였다.

　논쟁은 알렉산드리아에서 시작되었다. 동방 특유의 소란함이 넘치는 이 도시에 종교적 불화의 기운이 떠돌았다. 신성에 관한 심오한 문제를 대중 설교와 집회의 격렬한 주제로 삼았다. 신앙의 신비를 공개적인 토론의 장으로 끌고 와 불완전한 인간의 언어로 난도질했다.

어떤 주장에 반대하는 최선의 방법은 무시다. 적극적인 반대는 관심을 낳을 뿐이다. 반대파의 주장은 그 관심을 타고 널리 확산된다. 사람도 마찬가지다. 탄압은 상대를 키운다. 박해는 평범한 인물을 불굴의 투사로 만든다. 대중의 동정심은 박해받는 자를 향한다. 그래서 반대와 박해는 종종 정반대의 결과를 낳는다. 이 역설의 진리를 가장 실감나게 증명하는 것이 그리스도교의 역사다. 초기 교회는 박해 속에 성장했다. 순교의 핏방울이 떨어진 곳마다 신앙의 꽃이 피었다. 순교자의 발자국이 찍힌 곳마다 교회가 세워지고 신앙 전파의 본산이 되었다. 박해가 없었더라도 그처럼 뜨거운 신앙이 솟아날 수 있었을까?

아리우스의 주장은 지지자들의 뜨거운 열정뿐 아니라 반대파의 제재와 관심을 타고 널리 퍼져 나갔다. 물론 그는 평범한 인물은 아니었다. 아리우스를 가장 미워한 반대파조차도 그의 학식과 결백한 삶만은 인정했다고 한다.

아리우스는 리비아 출신으로 256년경에 태어난 것으로 추정된다. 그는 확실히 매혹적인 인물이었다. 명민하고 재기 넘치고 동정적이었으며, 매력을 발산해 사람들을 사로잡을 줄 알았다.[13] 또 키가 크고 날씬했으며, 유식하고 재치가 있었고, 금욕적이었다. 한편으로는 자존심이 강하고, 교활하고, 들떠 있고, 논쟁적인 인물로 그려진다.[14] 이단으로 규정된 그를 이 정도로 평가한 것을 보면, 그는 매우 탁월한 인물이었음이 틀림없다.

아리우스는 젊은 시절 안티오키아에서 신학을 배웠다. 그는 박해 기간에 순교한 루키아누스S. Lucianus(250경~312)를 스승으로 묘사한다. 루키아누스는 그리스도교 신학사에서 이른바 안티오키아 학파의 연원淵源으로 꼽힌다. 이 학파는 성서 해석과 삼위일체론, 그리스도론에 관한 교의dogma 논쟁에서 알렉산드리아 학파와 쌍벽을 이룬다. 교의적 관점에서 안티오키아 학파는 하느님과 그리스도를 구분하려는 경향이 강한 반면, 알렉산드리아 학파는 두 본성의 일치를 더 강조했다.[15]

루키아누스와 아리우스의 나이차는 여섯 살 정도에 불과하다. 그들이 정식 사제 관계였는지는 의문이다. 아무튼 그가 안티오키아 학파를 대변해 알렉산드리아 학파와 충돌한 것으로 보기는 어렵다. 그의 신학에서는 알렉산드리아 학파의 특징도 나타난다.

리비아에서 태어나고 안티오키아에서 공부한 아리우스는 알렉산드리아에서 성직의 길에 들어섰다. 그는 알렉산드리아의 대주교 페트루스Petrus(재임 300~311)에게서 부제품을 받았다. 그러나 리코폴리스Lycopolis의 멜레티우스Meletius(†325경)가 파문당했을 때 이에 항의했다가 교회에서 축출당했다. 알렉산드리아의 대주교는 페트루스-아킬라스Achillas(†312/13)-알렉산더로 이어진다. 페트루스의 순교로 아킬라스가 후임이 되자, 아리우스는 그에게 용서를 청했다. 아킬라스는 그를 다시 받아들이고 사제sacerdos품까지 주었다.[16]

아리우스는 알렉산드리아 바우칼리스Baucalis 성당의 주임 사제로 활동했다. 이 성직을 맡는 동안 그는 유창한 설교로 인기를 끌었고, 인격적으로도 훌륭한 사목자로 상당한 명성을 얻었다.[17]

　이단으로 정죄 받은 아리우스의 주장을 오늘날 그가 직접 쓴 저술을 통해 살펴볼 수는 없다. 콘스탄티누스Constantinus I(275~337 재위 306~337) 황제는 니케아 공의회가 끝난 뒤인 333년 아리우스의 작품들을 모두 태워버리라는 칙령을 반포했다. 그의 주장을 담은 설교, 서신, 저술 들을 모두 거두어 소각해 버린 것이다.

> 아리우스는 사악하고 불경스러운 무리를 모방하므로 고초를 겪어야 마땅하다. … 만일 아리우스가 쓴 글이 발견되면 모두 소각하라. 그의 타락한 교리를 제압하고 그에 관한 어떤 기억도 남아있지 않도록 해야 한다. 아리우스의 책을 숨긴 것이 발각되거나, 이를 즉시 제출해 소각하지 않는 자는 사형에 처할 것임을 포고한다.[18]

　아리우스의 주장은 오늘날 반대파들의 논박 속에서 간접적으로만 확인할 수 있다. 이 또한 하나의 역설일까? 상대를 향한 논박이 오히려 상대의 주장을 후세에 전했다. 그러나 이 빈약한 자료만으로 아리우스 신학을 제대로 조명하기는 어렵다. 후세의 이런저런 평가와 재단에 대해 그는 억울해하는 면이 있을지 모른다. 그리스도교 신학의 흐름 속에서 그가 서 있는 위치는 어디인가?

플로티노스와 오리게네스

초기 교회는 이 세상의 창조주이신 아버지 하느님과, 하느님의 아들이면서 동시에 인간인 예수 그리스도에 대한 신앙을 고백하는 데 별다른 어려움을 느끼지 않았다. 그러나 지중해 연안을 선점한 헬레니즘 문화의 사변적 풍토는 그리스도교를 철학적 · 신학적 분석의 틀로 끌어들였다. 특히 3세기 초에 태동한 신플라톤주의neo-Platonismus 철학이 그리스도교 신학에 영향을 미쳤다.

신플라톤주의 철학은 그리스 태생의 암모니오스 사카스Ammonios Sakkas(175?~242)를 시조로 꼽지만, 그의 제자인 이집트 태생의 플로티노스Plotinos(204/05~270이전)가 꽃을 피웠다. 그는 비종교적 철학자였지만 존재의 근원에 관한 그의 탐구는 상당히 종교적인 결론을 시사한다. 그는 우주만물 삼라만상의 근원으로 존재 저편의 '하나hen'라는 개념을 제시한다. '하나'는 감각세계의 저 너머에 있는 초월적 존재다. 존재 이전에 스스로 존재하며 완전하고 영원불변하다.

만물은 이 '하나'에서 흘러나온다. 이른바 유출설emanationismus이다. 유출流出emanatio은 태양이 빛을 발산하는 것과 같다. "'하나'는 흘러넘치고, 새로운 것들을 생성한다." 아무리 유출되어도 '하나' 그 자체는 증감이나 변화가 없다.

유출에는 단계가 있다. 하나에서 정신nous이 나오고, 그로부터 영혼psyche이 나온다. 빛이 태양에서 멀어질수록 희미해지듯이 유출도 단계가 지날수록 불완전해진다. '하나'에서 '정신'으로, 다시 '영혼'으로 갈수록 그 충만함이 감소한다. 여기까지는 현실세계가 아니다. 마침내 영혼에서 물질hyle이 나오고 지상세계를 형성한다. 그래서 종종 이 개념은 하강이나 타락으로 설명된다.*

유출은 이처럼 일방향이지만 불가역不可逆한 것은 아니다. 하강을 거스르는 상승, 타락을 벗어나는 정화淨化purificatio, 유출을 소급하는 합일合一unino이 가능하다. 인간은 지상세계로 떨어진 영혼과 물질육체이 결합된 존재다. 그 영혼의 깊숙한 곳에는 '정신'과 '하나'로의 길이 있다. 육체와 결합된 인간의 영혼은 그 육체에서 이탈하는 순간 '정신'을 거슬러 '하나'로 회귀할 수 있다. 바로 탈혼脫魂ekstasis이다. 탈혼에 이르려면 주체적 자아를 버리고 자신을 온전히 '하나'에 내맡겨야 한다. 일체의 사고를 멈춘 채 그저 '하나'만을 지긋이 바라보아야 한다. 이런 '바라봄'을 관상觀想contemplatio이라고 한다. 금욕적 수덕修德 생활을 통해 육체의 기능을 최대한 잠재운 사람은 이런 관상을 통해 어느 순간 영육靈肉이 분리되는 탈혼을 체험할 수 있다. 인간의 영혼은 이런 신비적 황홀경을 통해 '하나'의 품에 안기고 '하나'와 합일한다.

플로티노스는 그리스도교 신학을 직접적으로 언급하지는 않았지만, 그의 사상 속에는 이미 성부와 성자의 관계에 적용될 수 있는 심상心象은 암시가 들어있다. 하나-정신-영혼의 관계는 그리스도교의 성부-성자-성령Spiritus Sanctus 개념에 대입될 수 있다. '하나'를 성부로 보

---

* '하나(ἐν)'는 종종 일자一者로 번역되기도 한다. '정신'은 이성으로 번역되기도 한다. 여기서는 《영혼-정신-하나 플로티노스의 중심개념》(플로티노스 지음, 조규홍 옮김, 나남, 2008)에 사용된 번역 용어를 따랐다.

면 성자는 그로부터 유출된 '정신'이 된다. 어쨌든 성부보다는 불완전한 존재인 것이다. 그것은 또 예수 그리스도를 성부의 로고스의 현현顯現으로 보는 로고스 그리스도론이나, 예수의 참된 육화肉化 incarnatio를 부인하고 예수를 허상이나 환영으로 보는 가현설假現說 docetismus과도 맥이 통한다.

신플라톤주의 철학의 기본 특징들을 그리스도교 신학에 접목한 사람이 오리게네스다. 그 역시 플로티노스와 마찬가지로 암모니오스 사카스의 제자였다. 그는 처음으로 성경의 언어가 아닌 철학적·사변적 언어로 성부와 성자의 관계를 다뤘다. 그에 따르면 성부는 존재의 저편에 있는 나눠질 수 없는 신성이다. 그 신성은 넘쳐흐르는 완전함과 넘치는 선善으로 자신에게서 로고스를 떠나게 한다. 그가 곧 성자다. 태양이 빛을 유출하듯이 성부는 성자를 낳았다. 그 성자는 성부의 본질에서 났지만 성부보다는 열등하다. 성부는 다시 성자를 통해 세상을 창조했다. 그러므로 성자는 성부와 피조물을 잇는 중개자다. 그는 성령도 성자를 통해 존재하며, 성자보다 아래에 있다고 보았다.[19]

오리게네스의 삼위일체론은 성자의 신성을 부인하지 않으면서도 성부-성자-성령을 수직적·종속적으로 배열한다. 이 논리를 종속론subordinationismus으로 부른다. 그는 이런 방법으로 자칫 이신二神 숭배에 빠질 뻔한 그리스도교를 구했지만 성자의 지위에 대해서는 새로운 논란거리를 남겼다. 성자는 성부와 같은 본질이지만 성부보다는 격이 낮은 존재가 된 것이다. 그의 종속론은 그리스도교 교의 발전사에

뚜렷한 족적을 남겼다. 4세기의 삼위일체 논쟁은 그 연장선에 있다. 제국교회는 그의 논리를 배격하고, 그의 작품을 소각했지만 그것은 6세기 중반의 일이다.

아리우스 신학의 출발점은 오리게네스의 삼위일체론이 지닌 불명료함을 명확하게 해석하려는 데 있다. 오리게네스는 신과 피조물의 경계선에서 예수를 신의 영역에 위치시켰지만, 그로 인해 성부 성자 성령, 즉 삼위三位의 정확한 관계는 모호해졌다. 성자의 신성을 인정하면서도 성부보다 열등하다는 것은 무슨 뜻인가? 열등한 신이 있을 수 있다면, 제3, 제4의 신도 가능하지 않겠는가? 그것은 이교도의 다신론polytheismus과 무엇이 다른가? 이런 문제는 그때까지 해결되지 않았다.

아리우스는 이 문제를 해결하기 위해 성부에게만 신성을 부여하고, 성자를 명백히 피조물의 자리에 놓았다. 성부만이 모든 것의 근원이며, 시작도 없고, 곧 태어나지 않고, 창조되지 않고 따라서 영원하며, 변하지 않으며, 달라지지 않는 한분뿐인 하느님이다. 반면 성자는 태어났으며, 따라서 필연적으로 피조물이다. 성부에게는 시작이 없지만 성자에게는 시작이 있다. 그는 태어나기 전에는 존재하지 않았다. 따라서 "성자가 존재하지 않는 시대가 있었다." 이 말은 아리우스 신학의 핵심 명제가 된다.[20]

다만 그는 성자가 모든 피조물 가운데 탁월한 위치를 차지한다고 설명한다. 성자는 창조 이전에 창조되었고, 다른 모든 것은 성자를 통해 창조되었다. 성자는 피조물 가운데 으뜸이며, 최초의 피조물이다. 이 논리에 따르면 성자는 모든 피조물보다 우위에 있다. 그러나 만물이 성자의 피조물이듯이, 성자 또한 성부의 피조물일 뿐이다. 성부와 성자의 관계가 성자와 피조물의 관계보다 나을 게 없다. 두 관계에서 근본적이고 절대적인 차이는 드러내지 못한다.[21]

결국 아리우스 학설 체계에 따르면 성자는 '참된 하느님'이 아니다. 그렇다고 평범한 피조물도 아니다. 아주 특별한 피조물이다. 신과 피조물의 경계선에서 살짝 아래쪽에 있다. 신도, 인간도 아닌 그 무엇이다.

아리우스 논쟁과 파문

아리우스 논쟁의 첫 발단은 318년이나 319년쯤으로 본다.[22] 소크라테스는 첫 장면을 이렇게 묘사한다.

어느 날 알렉산더 대주교는 사제와 부제 등 여러 성직자들 앞에서 '거룩한 삼위일체의 단일성'이라는 주제로 설교했다. 그 사제들 중에 아리우스가 있었는데, 그는 하찮은 정도의 총명함도 없는 주제에, 대주교가 이단으로 단죄된 사벨리우스의 교리를 교묘하게 가르치고 있다고 생각했다. 논쟁을 좋아한 아리우스는 사벨리우스주의*를 비판하면서 자기 생각대로 대주교의 설교를 격렬히 반박하였다. "성부께서 성자를 낳으셨다면, 성자는 태어났으므로 존재의 시작이 있었

습니다. 따라서 성자가 없던 때가 있었다는 것이 분명해집니다. 그러
므로 성자의 본질이 무無에서 비롯되었다는 것 또한 필연적인 귀결
입니다."23

알렉산더는 도대체 어떤 설교를 했기에 휘하 사제인 아리우스로부
터 공개적인 논박을 받았는가? 아리우스가 니코메디아의 주교 에우
세비우스에게 보낸 편지에 그 흔적이 남아 있다. 아리우스는 이 편지
에서 알렉산더의 가르침을 인용하고 반박한다. 또 자신이 알렉산더
로부터 핍박을 받고 있다며 같은 스승의 제자인 에우세비우스에게
도움을 청한다.

> 알렉산더 대주교에 대해 말씀드리고자 합니다. 그는 우리에게 큰 혼
> 란을 주고 우리를 심하게 박해합니다. 우리가 그의 공개적인 설교에
> 승복하지 않자 그는 우리를 무신론자라며 도시 밖으로 몰아냈습니
> 다. 그의 설교는 이렇습니다. '하느님은 항상 존재하신다. 성자 또한
> 그렇다. 성자는 성부와 함께 존재하신다. 하느님이 태어나지 않으셨
> 듯이 성자도 태어나지 않은 존재이시다. 하느님은 성자보다 조금도
> 앞서지 않는다. 성자는 바로 하느님으로부터 계신다.' … 이것은 설

---

* 3세기의 사벨리우스Sabellius가 주장한 이단적 이론. 성부 · 성자 · 성령을 똑같은 하느님의 현현顯
現 양태로 본다.(양태설樣態說, modalismus) 즉 한분의 하느님이 구약 시대에는 성부로, 그리스도 강
생과 함께 성자로, 부활 이후에는 성령으로 활동하셨다는 주장이다. 이 주장에 따르면 십자가에 못
박힌 분은 결국 하느님이신 성부가 된다. 따라서 성부수난설(Patripassianismus)로도 불린다. 일위一
位일체론 또는 단원론(monarchianismus)에 속한다.

사 이단들이 천만번 목숨을 위협한다 해도 들어줄 수 없는 불경입니다. 우리는 무엇을 말하고, 무엇을 믿고, 무엇을 배웠으며, 무엇을 가르치겠습니까? 그것은 성자는 태어나지 않은 존재가 아니며, 그 일부분도 아니라는 것입니다. 그는 다만 성부의 의지와 목적에 따라 태초 이전에 존재하게 된 것입니다. 따라서 그는 태어나기 전, 또는 창조되기 전에는 존재하지 않았습니다. 우리는 '하느님은 시작이 없지만 성자는 시작이 있었다'고 말했다는 이유로 박해를 받고 있습니다. 정녕 성자는 하느님의 일부가 아니라고 말한 것이 박해의 이유가 된다는 말입니까? 주님 안에서 평안하십시오. 스승 루키아누스의 동문 제자로서, 그리고 진실로 경건하신 분으로서 저희의 고통을 기억해 주십시오.[24]

이 편지는 320년경에 쓴 것으로 추정된다. 아리우스는 이 편지에서 성부와 성자가 다르다고 주장하면서, 같다고 역설한 알렉산더 대주교를 비난한다. 아리우스의 주장에 따르면 두 사람 사이의 명료한 차이점은 성자가 태어난 존재인지 아닌지에 있다. 아리우스는 성자가 태어났으며, 따라서 시작이 있고, 그 시작 이전에는 그가 존재하지 않았다고 주장한다. 반면 알렉산더는 성자가 태어나지 않았으며, 처음부터 하느님과 함께 있는 존재라고 규정한다.

물론 아리우스가 말하는 '태어남'은 성자의 육화肉化incarnatio 또는 강생降生을 의미하는 것이 아니다. 즉 2000년 전의 탄생 사건을 가리키는 것이 아니다. 그것은 세상만물의 창조보다 먼저 이뤄진 하느님의 의지의 결과를 말한다. 그는 '태어난'이라는 말 속에 어느 정도의 피조물성을 담아 사용하는 것으로 보인다. 즉 '태어난'이라는 말과 '창조된'이라는 말의 의미를 엄밀히 구분하지 않은 채 엇비슷한 뜻으로 사용하고 있다. 이것은 성자에 대해 '태어난'이라는 용어를 강력히 거부하는 알렉산더 또한 마찬가지다.*

아리우스는 또 비슷한 시기에 직접 알렉산더 대주교에게 편지를 보내 자신의 신앙을 역설했다. 이 편지는 아타나시우스의 저작물을 통해 전해진다.

우리에게 전해지고 또 우리가 배운 신앙은 이렇습니다. 우리는 오직 한 분의 하느님을 인정합니다. 그분은 스스로 존재하시고, 영원하시고, 시작이 없으시며, 홀로 참되시고, 홀로 지혜로우시며, 홀로 선하십니다. 만물의 심판자이시고, 통치자이시며, 주재자이십니다. 변화도, 증감도 없이 영원불변하십니다. 그분은 영원 이전에 오직 한 분의 성자를 낳으셨고, 그 성자를 통해 세상만물을 만드셨습니다. … 하느님은 만물의 근원이시기에 시작도 없고, 오직 홀로 계신 분입니다. 그러나 성자는 성부에 의해 태어났고, 태초 이전에 창조되었기에, 그의 시대가 되기 전에는 그는 존재하지 않았습니다. 다만 세상만물보다는 먼저 태어났기에, 오직 성자만이 성부에 의해 존재하게

---

* 이때까지만 해도 이 두 용어의 의미상의 차이는 분명하지 않았다. 니케아 신경에 와서야 "(성자는) 창조되지 않고 나셨으며"로 정리되었다. '태어난'은 성자가 성부의 (의지에서가 아니라) 본질에서 영원 전에 태어났음을 뜻한다. '창조된'은 피조물성을 나타낸다. (Drobner, *ibid.*, p. 347 참조)

Ⅱ 신성 논쟁

된 것입니다.[25]

아리우스는 이 편지 끝에 자신을 지지하는 사제 6명, 부제 6명, 주교 3명의 서명을 첨부해 알렉산더 대주교에게 보냈다. 이쯤 되자 알렉산더도 더 이상 가만히 있을 수 없게 되었다. 성직 위계를 보아서도 대주교의 권위에 공공연히 도전하는 아리우스를 그냥 내버려 둘 수는 없었다. 무엇보다 그는 성자의 신성을 훼손하는 아리우스의 주장을 방관할 수 없는 위치에 있었다. 그는 이 위험한 교리를 뿌리 뽑기 위해 교회회의를 소집했다.

이집트와 리비아 등에서 거의 100명이나 되는 주교와 사제 들이 참석한 가운데 알렉산드리아에서 회의가 열렸다. 아리우스는 주교들 앞에서 심문을 받고 파문을 당했다. 연도는 다소 모호하다. 넓게 잡아 320년보다는 늦고, 325년보다는 이를 것이다.* 아리우스 논쟁의 초기 흐름을 연결해 발생년도를 단정하기에는 자료가 빈약한 편이다. 알렉산더는 회의 결과를 서한을 통해 각 지역의 주교들에게 알렸다.

> 보편 교회는 한 몸이므로, 우리는 거룩한 성경의 가르침대로 '평화의 끈으로 맺어진 일치'(에페 4, 3)를 보존하기 위해 애써야 합니다. …
> 그러므로 최근 우리 교구에서 발생한, 마치 반反그리스도의 전조를 보는 듯한 무법적인 무리들과 그들의 가르침에 대해 알립니다. … 이

---

* 로버트슨A. Robertson은 321년(Prolegomena of *NPNF* 2-IV, p. xv), 드롭너Drobner는 323년으로 본다.(Drobner, *ibid.*, p. 340 및 p. 324 (註 1) 참조)

처럼 이단적인 주장을 펴는 아리우스와 그의 추종자들에 대해 우리 이집트와 리비아의 주교들을 포함한 100여 명은 그들을 파문하는 바 입니다.[26]

파문은 논쟁을 종식시키지 못했다. 아리우스의 해외 추방은 오히려 논쟁을 국경 너머로 확산시키는 계기가 되었다. 두려움을 모르는 아리우스는 대주교의 권위에 굴복하지 않았다. 이집트에서 추방된 그는 어디로 갔을까? 아마도 카이사리아를 거쳐 니코메디아로 갔을 것이다. 두 도시에는 자신을 지지하는 유명한 두 주교가 있었다. 가장 박식하다는 카이사리아의 에우세비우스와, 황궁 도시 니코메디아의 주교로서 정치적 수완도 뛰어났던 또 다른 에우세비우스가 그들이다. 이들 외에도 동방의 많은 주교들이 아리우스의 견해에 동조하거나 적어도 해롭지 않다고 생각했다.

특히 니코메디아의 에우세비우스는 아리우스주의 확산에 크게 기여한 인물이다. 그 역시 아리우스와 마찬가지로 안티오키아의 순교 성인 루키아누스의 제자였다. 이 동문들은 일종의 선서를 통해 뭉친 공동체였고, '실루키아누스파sylluclanistae'로 불릴 정도로 끈끈한 결속력을 발휘했다.[27] 아리우스 논쟁은 어찌 보면 이 실루키아누스파와의 대결이었다.

에우세비우스의 출생년도는 확실치 않지만 아마 아리우스와 나이도 비슷했을 것이다. 당시에는 아직 콘스탄티노플이 건설되지 않았을 때이므로 니코메디아는 제국 동방의 수도였다. 에우세비우스는 처음에 베리투스Berytus 현재 레바논의 베이루트의 주교였으나, 황제들의 신임을 얻으면서 니코메디아를 거쳐 339년에는 새 수도 콘스탄티노플의 주교가 되었다. 그는 328년 무렵부터 콘스탄티누스 황제에게 가장 큰 영향력을 행사하는 주교로서, 아리우스를 옹호하고 정통파를 축출하는 데 앞장섰다.

에우세비우스는 아리우스 파문 이후 비티니아Bithynia 지역 교회회의를 열어 아리우스의 견해를 정통으로 인정하고, 이집트 교회가 그를 복권시키도록 요청했다.[28] 또 아리우스에게는 그의 입장을 지지하는 편지를 보내 격려하기도 했다.[29]

카이사리아의 에우세비우스 역시 그리스도는 진정한 하느님이 아니라고 말하기를 주저하지 않았다.[30] 그는 알렉산더에게 편지를 보내 아리우스를 변론했고, 카이사리아 교회회의도 아리우스 지지를 표명했다. 나중에는 정통 신앙을 공식적으로 인정했지만, 여전히 정통파 축출에 관여하는 등 논쟁거리가 될 만한 태도를 취했다.[31]

아리우스는 대중을 휘어잡는 탁월한 재주가 있었던 것으로 보인다. 자신의 주장을 노래로 만들어 퍼트릴 만큼 다양한 수단을 동원할 줄 알았다. 그는 성부와 성자의 차별성을 시詩적인 운율로 읊은 〈향연 Thaleia〉을 발표했다. 이 작품은 곧바로 노래로 만들어져 민중 속으로 퍼져 나갔다. 술집에서, 거리에서, 시장에서, 상인들이, 목수들이, 여행자들이 그 노래를 부르고 다녔다. 〈향연〉은 아타나시우스의 저술 속에 일부 단편으로 보존되어 있다.*

아리우스는 요즘 말로 프로파간다propaganda에 능했다. 그는 지적이

사막으로 간 대주교

면서도 열정적인 웅변가였고, 외모까지 훤칠했다. 지성과 야성, 감성까지 두루 갖춘 최고의 스타였다. 그의 주장은 대중 속으로 파고들었다. 아버지와 아들이라는 표현 자체가 이미 어느 한 쪽의 우월성을 담고 있었기에 그의 주장은 훨씬 더 설득력이 있었다. 수많은 무리가 아리우스에게 지지와 갈채를 보내 그의 자부심을 뒷받침해 주었다.

특히 그의 적극적인 추종자들 중에는 수백 명의 '오빠 부대'도 있었다. 그렇다면 아리우스는 요즘말로 하면 거의 사교邪教 집단 교주처럼 행동했을까? 그는 자신의 신학 교리를 논리적으로 설파하는 차원을 넘어 대중 집회와 선동을 통해 판세를 뒤집으려 했을까?

알렉산더가 주교들에게 회람시킨 또 다른 편지가 있다. 그는 이 편지에서 아리우스를 따르는 여성 신도들을 언급한다. 이 편지는 또 파문 이후 아리우스의 대응에 대해서도 어느 정도의 정보를 제공한다. 물론 그의 반대파가 남긴 기록이라는 점을 감안해야 한다.

> 아리우스 일당은 사도들의 경건한 교리를 깎아내리고, 유대인들처럼 그리스도와 맞서 싸울 패거리를 조직했습니다. … 그들은 날마다 우리에 대한 무질서와 탄압을 부추깁니다. 한편으로는 우리를 고소한 법정에서 그들의 기만에 속아 넘어간 여인네들의 아우성을 연출합니다. 다른 한편으로는 거리에서 꼴불견의 차림새를 한 처녀들을 몰고 다니며 그리스도교의 평판을 떨어뜨립니다. 우리는 만장일치의 결정

---

* 〈향연〉은 Athanasius, *De Synodis*, 15와 Athanasius, *Orationes contra Arianos*, 5에 일부 단편으로 삽입되어 있다. 영어 번역문은 각각 *NPNF* 2-IV, pp. 457-458 및 p. 308 참조.

으로 그들을 교회 밖으로 몰아냈습니다. 그들은 이리저리 뛰어다니며 우리의 동료 성직자들과 접촉해서는 경건을 가장한 온갖 감언이설로 자기들 편으로 끌어들이려 했습니다. 그렇게 해서 그 성직자로부터 장문의 편지를 받아내면, 그것을 자신들의 무리에게 큰 소리로 읽어줌으로써 주교들조차 자신들을 지지하고 한 편이라는 믿음을 갖게 해, 속임수에서 깨어나지 못하도록 하는 것입니다. 그들은 자신들이 제명되었다는 사실에 대해서는 입을 다물거나, 그럴듯한 말과 글로 숨기고 있습니다. … 그래서 마침내 몇 사람이 그들의 편지에 서명하고, 그들을 교회 안으로 받아들이는 일이 생겼습니다. 나는 감히 이런 일을 한 우리 동료 성직자들에게 커다란 책망이 있을 것으로 생각합니다.[32]

이같은 통렬한 비판에 대한 아리우스의 직접 해명을 들어볼 수 없는 것은 유감이다. 어쨌든 이 논쟁은 곧 온 교회를 끌어들였다. 주교와 주교가 맞서고, 교구와 교구가 대립했다. 동방 교회 전체가 신학적 전쟁터로 변했다. 멀리 떨어진 로마 교회조차 무관심할 수 없는 문제였다. 거리에 대자보가 나붙고, 주장과 반박, 지지와 비난의 구호들이 담벽을 어지럽혔다. 4세기 후반의 교부 니사Nyssa의 그레고리우스Gregorius(335/40~394이후)는 이렇게 풍자한다.

이 도시에서 당신이 상점 주인에게 거스름돈을 요구하면, 그는 대뜸 아들이 태어난 존재인지 창조된 존재인지를 놓고 당신과 토론하려들 것이다. 당신이 빵가게 주인에게 빵이 맛있느냐고 물으면 그는 "아버지는 아들보다 위대하다"고 답할 것이다. 목욕을 하고 싶다고 하면 "아들은 창조되기 전에는 존재하지 않았다"는 말을 듣게 될 것이다.[33]

이 조롱조의 증언이 흥미로운 것은 상인들이 모두 아리우스의 주장을 따르고 있다는 점이다. 어느 시대, 어느 나라 국민이 이처럼 고상한 주제로 대중적인 토론을 즐겼겠는가? 외부의 관찰자나 여행자에게는 참으로 경이로운 풍경이었을 것이다. 소크라테스 역시 이렇게 썼다. "성부와 성자의 관계에 관한 대화에 휘말리지 않고 시장에 가기란 불가능하다"[34] 아리우스 논쟁은 결국 그리스도교 전체의 문제로 번졌다. 알렉산드리아 교구 차원에서 수습하기에는 권위가 부족했다.

III
황제의 종교

"이제부터 그리스도인들은 이전의 법령에 의한 어떤 제약도 받지 않고 완전히 자유롭게 신앙을 누릴 수 있다. 우리가 그리스도인들에게 보장한 이 자유는 광범위하고 제한이 없으며 다른 모든 종교에도 똑같이 적용된다."

– 밀라노 관용령Edictum tolerantiae Mediolani –

밀라노 칙령

콘스탄티누스 황제는 324년 로마제국을 통일하고 명실상부한 1인 황제가 되었다. 그는 처음에 아리우스 논쟁을 무익한 말다툼으로 여기고 무시하는 태도를 취했다. 그러나 제국 교회의 갈등과 분열이 점차 제국의 안정을 해치고 있음이 뚜렷해졌다. 그리스도교의 분열은 이제 더 이상 교회 내부의 문제가 아니었다. 교회의 일치 없이는 제국의 안정도 불가능했다. 황제는 자신이 이 문제에 직접 개입하지 않으면 안 된다고 생각했다. 그는 결국 이 골치 아픈 논쟁의 심판자를 자임하고 나섰다. 콘스탄티누스는 이를 통해 또 한 번 그리스도교 역사에 중요한 족적을 남긴다. 그 첫째는 물론 밀라노 칙령이었다.

　콘스탄티누스는 밀라노 관용령Edictum tolerantiae Mediolani을 통해 그리스도교를 공인함으로써, 문명의 패러다임을 바꾼 인물이다. 그는 그리스도교를 공인했고, 그리스도교는 그를 통해 로마를, 세계를 정복했다. 《콘스탄티누스의 생애Vita Constantini》를 저술한 카이사리아의 주교 에우세비우스는 그를 '주님의 13사도'로 칭했다. 후세인들은 그에게 대제Magnus라는 헌사를 바쳤다. '대제'라는 영예로운 호칭이 붙는 지도자는 그 말고도 더 있다. 헬레니즘 제국의 건설자 알렉산드로스를 비롯해, 교황의 대관식을 통해 황제의 관을 받은 프랑크제국신성로마제국의 샤를마뉴, 러시아 로마노프 왕조의 절대 여제 예카테리나 2세, 프로이센의 계몽군주 프리드리히 등을 떠올릴 수 있다. 이 가운데 문명사적 의의를 지니는 두 인물을 꼽으라면 아무래도 알렉산드로스와 콘스탄티누스일 것이다. 콘스탄티누스는 밀라노 칙령을 통해 오늘날까지 계속 번성하고 있는 그리스도교 문명의 길을 열었다.

밀라노 칙령의 원문은 지방 총독들에게 보낸 서한 형식으로 남아 있다. 내용으로 보아 그 이전에 공포된 별도의 칙령이 있었는데, 유실된 듯하다. 서한은 칙령의 취지를 설명하면서 합당한 시행을 명령하는 내용이다. 서한의 발신자는 동방 황제 리키니우스Valerius Licinianus Licinius(270?~325 재위 308~324)지만, 동·서방의 공동 황제 콘스탄티누스와 리키니우스가 합의한 결정을 알리는 형식을 취한다.

그 내용은 표면적으로는 매우 중립적이다. 즉 그리스도교에 대한 특혜가 아닌 모든 종교에 대한 신앙의 자유를 선포한 것이다. 313년 6월에 선포된 밀라노 칙령의 주요 부분이다.

> 그리스도인들과 다른 모든 이들은 저마다 최고라고 생각하는 종교를 따를 자유를 가져야 한다. ⋯ 어느 누구도 자신이 원하는 종교의 제

의에 참가할 자유를 거부당해서는 안 된다. … 따라서 그리스도인들은 이전의 법령에 의한 어떤 제약도 받지 않고 완전히 자유롭게 신앙을 누릴 수 있다. 우리가 그리스도인들에게 보장한 이 자유는 광범위하고 제한이 없으며, 다른 모든 종교에도 똑같이 적용된다. 누구나 스스로 선택한 종교와 신을 섬기도록 허용하는 것이 국가의 안정과 시대의 평화를 가져올 것이기 때문이다. 결코 어떤 종교나 그 신도들의 명예를 훼손하려는 의도가 아니다.*

콘스탄티누스는 신앙의 자유를 인정했을 뿐 어느 한 종교를 특별히 우대하지는 않았다. 어찌 보면 그리스도교가 경멸해 마지않는 잡다한 신들의 종교와 한데 섞여 같은 취급을 받았을 뿐이다. 국가 행사에서는 여전히 제신 숭배 예식이 진행되었다. 그러나 이 조치는 그리스도교의 지위를 하루아침에 바꿔 놓았다. 그리스도교는 더 이상 박해받는 종교가 아니었다. 장차 로마제국의 국교가 될 수 있는 길이 열린 것이다. 더구나 내용으로는 분명 그리스도교를 염두에 둔 조치였다.

콘스탄티누스는 칙령에 이어 그리스도교에 우호적인 후속조치를 잇따라 취했다. 몰수한 재산을 돌려주고, 황제의 사유재산을 교회에 기증했다. 성직자의 세금과 공무를 면제하고, 주교에게는 교구의 사

---

* 이 칙령의 라틴어 원문은 Lactantius, *De Mortibus Persecutorum*, 48에 실려 있다. 그리스어 번역문은 Eusebius, *H.E.*, X,5에 실려 있다. 영어 번역문은 각각 *ANF*-VII, p. 320 과 *NPNF* 2-I, pp. 379-380 참조.

사막으로 간 대주교

법권까지 부여했다. 그는 이런 조치를 통해 분명 그리스도교를 진흥
하려고 했다.

모후 헬레나

콘스탄티누스가 이처럼 그리스도교를 장려한 이유는 무엇일까? 우선
신심이 돈독하던 어머니의 영향을 꼽을 수 있다. 콘스탄티누스의 어
머니 헬레나S. Helena(248/49~330)는 현재 터키 영토에 속하는 소아시아
북서부 비티니아 지방의 드레파눔Drepanum에서 태어났다. 그녀는 초
라한 여관집 또는 선술집 딸이었는데, 로마군 백인대장이던 콘스탄
티우스 클로루스Constantius I Chlorus(250~306 재위 293~306)와 결혼해 콘스
탄티누스를 낳았다. 그것이 정식 결혼이었는지에 의문을 표하는 견
해도 있다. 지위가 탄탄한 로마군 백인대장의 정식 부인이 되기에는
그녀의 신분이 너무 비천했기 때문이다.[35]

당시 로마제국의 황제는 디오클레티아누스Diocletianus(245~316 재위 284
~308)였다. 그는 노예의 아들로 태어나 일개 사병으로 로마군에 입대
한 뒤 황제의 친위대장을 거쳐 284년 황제로 추대된, 매우 특이한 인
물이다. 당시 로마제국의 영토는 동쪽으로 소아시아를 넘어 이슬람
권과 맞닿아 있었고, 서쪽으로는 히스파니아까지 뻗어 있었다. 북쪽
으로는 브리타니아와 라인 강 서쪽 게르마니아로부터 남쪽으로 이집
트에 이르는 광활한 영토였다. 디오클레티아누스는 이 광대한 로마

제국의 방어선을 혼자서 감당할 수 없다는 판단 아래 286년 제국을 동서로 나누고 두 황제가 다스리는 공동 황제 제도를 도입한다. 그는 옛 전우인 막시미아누스Maximianus(240경~310 재위 286~305)를 발탁해 서방을 맡기고, 자신은 동방을 맡았다.

293년에는 다시 이 양두체제diarchia를 동·서방 각각에 정제正帝와 부제副帝를 1명씩 두는 4두체제tetrarchia로 바꿨다. 정제는 아우구스투스Augustus로, 부제는 카이사르Caesar로 불렀는데, 각각 다른 영토를 할당받아 전권을 행사했다. 이때 발탁된 부제가 동방의 갈레리우스와 서방의 콘스탄티우스였다. 두 사람 모두 로마 군단에서 경력을 쌓은 군인이었다. 콘스탄티우스가 맡은 지역은 브리타니아와 갈리아, 히스파니아 등으로, 오늘날 영국, 남독일, 프랑스, 이베리아 반도, 북서아프리카에 해당한다. 수도는 현재 독일과 룩셈부르크의 국경 도시인 트리어Trier로, 당시에는 아우구스타 트레베로룸Augusta Treverorum으로 불렸다.

남편이 4두체제의 황제가 된 그 영예로운 순간에 헬레나는 남편과 기쁨을 함께 할 수 없었다. 오히려 남편한테 버림받았다. 4두정치를 고안한 디오클레티아누스는 정제와 부제의 권력 다툼으로 제국이 불안정해지는 것을 막기 위해 부제가 되려면 반드시 정제의 딸과 결혼해야 한다는 규정을 만들었다. 콘스탄티우스는 293년 헬레나와 이혼하고 정제 막시미아누스의 의붓딸 테오도라와 결혼했다. 남편에게 이혼당한 헬레나는 아들과 함께 동방으로 갔다. 불행한 모자를 거두어 준 사람은 동방 정제 디오클레티아누스였다. 아들 콘스탄티누스는 디오클레티아누스 휘하의 군대에서 열여덟부터 서른 살까지 무장으로서 경험을 쌓았다.

305년 디오클레티아누스는 4두정치를 정착, 안정시키기 위해 스스로 황제 자리를 내놓는다. 그는 자신이 발탁한 서방 정제 막시미아누스에게도 퇴위를 강요해 함께 물러난다. 이를 계기로 콘스탄티누스의 아버지 콘스탄티우스는 서방 정제가 되고, 동방 정제는 갈레리우스가 이어받았다.

이제 서방 정제의 아들이 된 콘스탄티누스는 동방에 그대로 남아 있기가 불안한 처지였다. 권력 변동 과정에서 자칫 인질이 될 수도 있는 신분인 것이다. 아들은 야반도주해 아버지를 찾아간다. 아버지는 아들을 지휘관으로 삼아 브리타니아 원정에 함께 나섰다. 걸핏하면 남쪽을 침범하는 북방 야만족을 밀어붙이는 이 작전은 성공리에 끝났다. 그러나 그 직후인 306년 7월 아버지 콘스탄티우스가 갑자기 사망한다. 미처 전장에서 돌아오기도 전이었다.

그 짧은 여름 원정에서 콘스탄티누스는 뛰어난 지휘관으로서 병사들의 두터운 신망을 확보한 것으로 보인다. 전쟁 중에 총사령관을 잃게 된 병사들은 콘스탄티누스를 황제로 추대했다. 그를 추대한 것은 5만 명이 넘는 정예군단이었다. 떠오르는 강자를 무시하기 어려웠던 동방 정제 갈레리우스는 타협책을 택했다. 그때까지 서방 부제였던 세베루스Severus(✝307 재위 306~307)를 정제로 승격시키고, 콘스탄티누스를 부제에 앉힌 것이다.

콘스탄티누스는 일단 그 정도로 만족했지만, 자신이 가야 할 길을 분명히 알고 있었다. 그는 6년 뒤인 312년 막시미아누스의 아들로서 세베루스로부터 권력을 찬탈한 막센티우스Maxentius(†312 재위 306~312)를 물리치고 서방 정제가 되었다.

이제 황제의 어머니가 된 헬레나는 모후母后로서 존경을 받았다. 그녀는 언제부터인가 그리스도교에 깊이 귀의했다. 그의 신심을 말해 주는 숱한 전설과 전승이 내려온다. 후대의 화가들이 즐겨 그림의 소재로 삼은 일화는 예루살렘 성지순례와 참 십자가Vera Cruz에 관한 것이다.

그녀는 70대의 나이에 예수 그리스도의 행적을 따라 예루살렘으로 성지순례를 떠났다. 예루살렘의 주교 마카리우스Macarius가 모후를 영접하고 안내를 맡았다. 모후는 그리스도가 묻혔던 무덤을 찾아 나섰고, '신의 도움으로' 그 무덤을 찾아냈다. 무덤 안에서는 십자가 세 개와 '유대인의 왕 나자렛 예수Iesus Nazarenus Rex Iudaeorum'임을 알리는 명패가 나왔다. 십자가 가운데 하나는 예수 그리스도를 못 박았던 바로 그 십자가임이 분명했다. 나머지 두 개는 예수와 함께 처형된 두 강도의 십자가였을 것이다. 어느 것이 참 십자가인지는 쉽게 가려졌다. 죽어가는 여인의 몸에 갖다 대었을 때 그 중 하나가 기적적으로 여인을 살려낸 것이다. 헬레나는 그 무덤 위에 웅장한 성당을 세우고 '새 예루살렘 성당'으로 명명했다.[36]

이 일화가 믿을만한 것인지는 모호하다. 소크라테스는 콘스탄티노플의 모든 시민이 이 이야기의 진실성을 믿어 의심치 않았다고 한다. 그러나 그는 후대의 기록자일 뿐이다. 헬레나의 성지순례를 장황하

치마 다 코넬리아노 Cima da Conegliano **그림, 성녀 헬레나**St. Helen
그녀가 예루살렘에서 발견했다는 참 십자가\Vera Cruz를 들고 있다._1495, Panel, National Gallery of Art, Washington

게 기록한 에우세비우스는 이 사건을 언급하지 않는다. 안내를 맡았던 마카리우스 주교의 직접 증언도 없다. 역사는 종종 의도적인 비하나 과장된 미화로 후세 사람의 눈을 가린다.

어쨌든 헬레나의 예루살렘 순례만은 역사적 사실이다. 그런 의미에서 그녀는 오늘날까지 이어지고 있는 성지순례의 선구자라 할 만하다. 모후의 성지순례는 떠들썩한 화제를 낳았다. 그녀는 황실 금고를 마음대로 써가며 가는 곳마다 자선과 기부와 은사恩赦를 베풀었다. 헐

벗고 굶주린 사람들에게는 돈과 옷을 주었고, 죄수와 노예 들을 풀어주었다. 성당을 새롭게 단장하고, 시민과 군인 들에게도 넉넉한 온정을 베풀었다.[37] 오늘날 그녀는 동·서방 교회 모두로부터 성인으로 공경 받는다.

콘스탄티누스가 그리스도교에 호의적인 것은 아마도 어머니의 깊은 신앙심과 무관치 않을 것이다. 신심이 돈독한 어머니가 아들에게 그 신앙을 물려주기 위해 애쓰는 것은 매우 자연스러운 일이다. 더구나 콘스탄티누스는 어머니를 깊이 공경하였다. 그는 어머니가 태어난 소도시 드레파눔을 재건하고 '헬레나의 도시'라는 뜻의 헬레노폴리스Helenopolis라고 명명하기도 했다.

십자가의 계시

콘스탄티누스가 그리스도교에 호의적인 결정적인 이유를 그의 개인적 체험에서 찾기도 한다. 그가 서방 정제가 되기 위해서는 막센티우스와의 일전이 불가피했다. 막센티우스는 선제 막시미아누스의 아들이자, 자신의 아내인 파우스타의 오빠였다. 그는 권력 승계에 불만을 품고 306년 10월 28일 로마에서 쿠데타를 일으킨 뒤, 밀라노당시 지명은 Mediolanum에 있던 정제 세베루스를 간단히 물리친 상태였다. 콘스탄티누스는 312년 10월 27일 밀비우스 다리에서 결정적으로 막센티우스를 무찌르고 로마로 입성한다.

밀비우스 다리는 로마 북쪽 테베레 강에 걸린 다리로 간선도로를 통해 로마로 접근하는 관문이다. 전투는 이 다리에서 북쪽으로 10킬로미터 더 떨어진 평원에서 벌어졌다. 수적으로는 방어하는 막센티우스 측이 훨씬 우세했다. 그러나 총사령관으로서 두 사람의 능력은 베테랑과 신병만큼 차이가 났다. 전투 경험이 부족한 막센티우스의 병사들은 금세 패주하며 밀비우스 다리로 달아났다. 좁은 다리로 한꺼번에 몰린 병사들은 뒤쫓아 온 콘스탄티누스 군대에게 살해당하거나, 압사하거나, 강물에 빠져 익사했다. 막센티우스의 시체도 이튿날 강바닥에서 인양되었다. 콘스탄티누스 군은 막센티우스의 머리를 창 끝에 꿰어 들고 로마로 입성했다.

이 전투를 《로마인 이야기》의 저자 시오노 나나미는 '역사를 바꾼 전투'의 하나로 꼽는다.[38] 이 전투가 그 후 1000년 동안 계속된 중세로 가는 문을 열었다는 것이다. 중세 1000년에 머물지 않고 오늘날까지 지속되고 있는 그리스도교 세계를 향한 첫 발자국을 찍었다고 평가한다.

그런데 이 결정적 전투를 앞두고 콘스탄티누스에게 저 유명한 십자가의 계시가 나타난다. 황제는 전투를 앞두고 꿈을 꾸었는데, 병사들의 방패에 그리스도를 상징하는 기호를 새겨 넣은 뒤 출병하라는 지시를 받는다. 이 이야기의 최초 증인은 락탄티우스Lactantius(250경~325)다. 그는 뛰어난 수사학자로서 디오클레티아누스 황제의 초청으로 니코메디아의 황궁에서 라틴어, 수사학을 가르친 인물이다. 콘스탄티누스도 그의 학생이었고, 콘스탄티누스의 아들 크리스푸스의 스승을 지내기도 했다. 그는 박해시대를 기록한 《박해자들의 죽음De Mortibus Persecutorum》이라는 작품에서 이 일화를 기술했다.

> 콘스탄티누스는 꿈속에서 전투에 나가기 전에 병사들의 방패에 '하늘의 기호'를 그리라는 지시를 받았다. 그는 지시받은 대로 방패에 X와 P를 겹쳐 그렸다. 이렇게 하여 만들어진 ☧는 그리스도를 뜻하는 기호가 되었다.[39]

☧는 그리스어로 그리스도Χριστός라는 단어의 첫 두 글자인 X키와 P로를 겹쳐놓은 것이다. 황제는 꿈속에서 지시받은 대로 병사들의 방패에 이 '키로' 상징을 그려 넣었다. 그리고 막센티우스와의 전투에서 대승을 거둔다. 에우세비우스는 4권으로 된 《콘스탄티누스의 생애》에서 이 사건을 더 자세히 언급한다. 이번에는 하늘의 십자가가 등장한다.

> 다른 사람에 관한 일이라면 믿기 어려울지도 모른다. 그러나 승리의 주인공인 황제 스스로 나중에 이 이야기의 기록자에게 확실히 말했고, 측근들이 경탄해 마지않았다. 더구나 사실임을 맹세까지 했고, 후일의 증언도 있는데 어찌 믿지 않을 수 있겠는가? 그는 정오가 지났을 때 태양의 위쪽 하늘에 나타난 빛의 십자가를 두 눈으로 똑똑히 보았다. 그 십자가에는 '이것으로 정복하라In hoc signo vinces'라고 새겨져 있었다. 황제와 그의 병사들은 깜짝 놀라서 이 기적을 지켜

사막으로 간 대주교

보았다.[40]

'콘스탄티누스의 꿈'은 곧잘 미술작품의 소재가 되었다. 그런데 두 사람의 증언을 비교해 보면 큰 차이가 있다. 하나는 꿈이고, 하나는 현실이다. 락탄티우스는 꿈속에서 보았다고 하고, 에우세비우스는 현실의 일로 묘사한다. 결정적으로 에우세비우스는 "병사들이 깜짝 놀라서 이 기적을 지켜보았다."고 서술한다. 수만 명의 병사들이 함께 보았다는 것이다.

337년에 주조된 것으로 추정되는 로마제국의 동전 앞면에는 콘스탄티누스 황제의 얼굴, 뒷면에는 ₽가 들어간 라바룸 군기가 새겨져 있다. 라바룸의 끝이 적군을 상징하는 큰 뱀을 짓누르고 있다.

이 때문에 십자가 계시 사건에 대한 평가는 극단적으로 엇갈린다. 황제 자신이 털어놓기 전까지 수만 명이 입을 다물고 있었다는 것은 아무래도 믿기 어렵기 때문이다. 락탄티우스의 증언은 밀비우스 전투가 있은 지 3년가량 지난 뒤에 나온 것이다. 에우세비우스의 《콘스탄티누스의 생애》는 황제 사후 1년, 그러니까 사건이 일어나고 26년이 지난 뒤에 저술되었다.

그러나 락탄티우스나 에우세비우스가 이 이야기를 꾸며냈을 가능성은 희박하다. 콘스탄티누스 황제가 제국의 화폐나 군기軍旗에 이 '키로' 상징☧을 사용한 것이 결정적 증거가 된다. 에우세비우스에

라바룸Labarum 군기가 새겨진 고대의 메달
라바룸은 전체적으로 십자가 모양이다. 에우세비우스에 따르면 세로축 상단은 금박을 입힌 창에 황금 화환으로 둘러싸인 성스러운 상징(☧)을 부각시켰다. 가로축에는 사각의 자색 천을 늘어뜨리고 금실로 수를 놓고 빛나는 보석으로 장식했다. 자색 천에 그려진 인물은 콘스탄티누스의 세 아들이다.

따르면 하늘의 십자가를 본 그날 밤 콘스탄티누스의 꿈에 그리스도가 직접 나타났다. 그리스도는 낮에 하늘에서 보여준 것과 같은 군기를 만들라고 명하면서, 적과 싸울 때마다 그것을 사용하면 승리할 것이라고 말했다. 콘스탄티누스는 다음날 그리스도의 지시대로 군기를 만들었다.[41] 라바룸Labarum으로 불린 이 군기는 콘스탄티누스가 리키니우스를 물리치고 단독 황제가 된 324년부터 제국의 위용을 상징하는 국기로 사용되었다.

군사심리학의 관점에서 보면 콘스탄티누스의 언행은 다분히 의도적이다. 전쟁은 장수가 하지만 전투는 병사가 한다. 전략은 장수가 짜지만 두려움 없이 전진해야 하는 것은 병사들의 몫이다. 병사들의 사기는 종종 전쟁의 승패를 좌우한다. 훌륭한 장수는 늘 병사들의 사기를 염두에 둔다. 그들에게 승리에 대한 강한 확신을 심어주기 위해 약간의 속임수를 썼던 지휘관은 역사상 얼마든지 있다. 이때 종교적 계시만큼 힘을 발휘하는 것이 없다. 자신들의 장수가 신의 보호를 받고 있다는 믿음은 병사들을 용맹하게 만든다.

콘스탄티누스는 십자가의 계시를 퍼뜨리고, 라바룸을 군기로 사용

사막으로 간 대주교

함으로써 자신의 의도를 분명히 드러냈다. 그는 용감무쌍하고 충성심 강한 병사 50명을 선발해 라바룸의 호위를 맡겼다. 그들에게는 명예와 함께 더 많은 급여를 주었다. 그들은 라바룸을 호위하는 동안에는 아무리 위험한 상황에서도 절대로 죽지 않는다는 믿음을 갖게 되었다. 병사들은 군기를 볼 때마다 든든한 안도감과 불굴의 용기가 솟구쳤다. 군기는 적군들에게도 두려움의 대상이 되었다.

어찌 보면 십자가 계시 사건의 진실성을 따지는 것은 무의미하다. 오히려 황제 스스로 꾸며낸 이야기라면 그 의미는 더욱 각별해진다. 그것은 그리스도교에 대한 황제의 심중을 드러내는 중요한 증거이기 때문이다. 그는 자신의 군사적·정치적 행로에 그리스도의 은덕을 기대한 것이 분명해 보인다. 그는 자신의 생애에서 가장 중요한 전투를 앞두고 있었다. 평생 전장을 누빈 그였지만 막센티우스와의 일전은 차원이 달랐다. 지금까지의 전투 상대는 모두 제국 변방의 야만족 침입자들이었다. 목숨을 건 승부는 아니었다. 그러나 이번 싸움에는 제국의 황제 자리가 걸려 있다. 이기면 황제가 되지만, 지면 죽음을 면할 수 없다. 그만큼 절박한 순간이었다.

건곤일척의 승부를 앞두고 그가 신의 보호를 구했다고 해서 조금도 이상할 게 없다. 그는 아마도 어머니의 종교인 그리스도교의 신에게 간절히 도움을 청했을 것이다. 그는 실제로 하늘을 쳐다보며 기도했는지도 모른다. 그리고 하늘에서 그가 그토록 보고 싶어 하던 것을 보았는지도 모른다. '나타난 것'을 보았다기보다는 '보고 싶은 것'이 나타났다는 것이 맞을지도 모른다.

중요한 것은 비록 3년이 지난 시점이지만, 황제 스스로 그것을 보았다고 말했다는 것이다. 그리고 제국의 화폐나 군기에 그 상징을 사용할 만큼 진정성을 보였다는 것이다. 그렇다면 그리스도교의 인물인 락탄티우스나 에우세비우스로서는 굳이 사실 여부를 추궁해야 할 이유가 전혀 없었다.

그리스도와의 제휴

그리스도교에서 회개metanoia라는 용어는 단순히 '잘못을 뉘우친다'는 뜻이 아니라 더 본질적인 내면의 변화를 의미한다. 그것은 지금까지 가던 길을 버리고 완전히 다른 길을 선택하는 회향回向이다. 삶의 방식을 근본적으로 바꾸는 강렬한 회심回心이다. 완전히 새로운 가치관에 따라 살겠다는 회생回生의 엄숙한 서약이다. 이 회개는 당연히 지금까지의 삶에 대한 절절한 회한과 고백, 새로운 삶을 향한 강렬한 염원을 수반한다. 회개의 대표적 사례는 아마도 다마스쿠스로 가는 길에 그리스도의 목소리를 듣고 사흘 동안 먹지도 마시지도 못한 사도 바오로Paulus Apostolus의 체험일 것이다. 이 강렬한 체험을 통해 그는 그리스도교의 박해자 사울에서 복음Evangelium의 열렬한 전파자 사도 바오로로 다시 태어난다.

사울이 길을 떠나 다마스쿠스 가까이에 이르렀을 때에 갑자기 하늘에서 빛이 번쩍이며 그의 둘레를 환히 비추었다. 그가 땅에 엎드러지자 "사울아, 사울아, 네가 왜 나를 박해하느냐?" 하는 음성이 들려왔다. 사울이 "당신은 누구십니까?" 하고 물으니 "나는 네가 박해하는 예수 다. 일어나서 시내로 들어가거라. 그러면 네가 해야 할 일을 일러줄 사람이 있을 것이다." 하는 대답이 들려왔다. 사울과 동행하던 사람 들도 그 음성은 들었지만 아무것도 보이지 않아 멍멍해서 서 있기만 하였다. 사울은 땅에서 일어나 눈을 떴으나 앞이 보이지 않았다. 그래서 사람들이 그의 손을 끌고 다마스쿠스로 데리고 갔다. 사울은 사흘 동안 앞을 못 보고 먹지도 않고 마시지도 않았다. (사도 9,3-9)

이런 관점에서 콘스탄티누스를 바라볼 때 그의 회심 여부에 대해 서는 논란이 분분하다. 밀비우스 전투 를 앞두고 하느님의 계시를 받았다 는 그의 고백은 여러 측면에서 사도 바오로의 체험을 연상케

콘스탄티누스 대제의 조각상

한다. 그러나 이후에 펼쳐진 그의 삶은 그러한 회심을 뒷받침하지 않는다. 그는 여러 면에서 그리스도교의 보호자를 자임하기도 했지만, 또한 그에 배치되는 행동도 서슴지 않았다.

무엇보다 그는 진정한 회심에 당연히 뒤따라야 하는 세례를 선뜻 받아들이지 않았다. 그는 생애 마지막까지 정식으로 세례를 받고 그리스도교 신자임을 떳떳하게 선언하지 않았다. 콘스탄티누스가 세례를 받은 것은 죽기 직전이었다.

콘스탄티누스가 보여준 그리스도교 공인과 진흥을 개인적 체험과 종교적 동기만으로 설명하는 것은 아무래도 미흡하다. 콘스탄티누스에게는 보다 현실적이고 정치적인 이유가 있었다. 그가 헤쳐 나온 4두정치 체제는 혼란의 연속이었다. 293년에 출범한 4두정치 체제는 제국을 동·서방으로 나누고 각각 정제와 부제를 두어 광대한 제국의 방위를 네 사람이 분담하는 체제였다. 그러나 이 체제는 권력 승계 요인이 생길 때마다 권력투쟁과 내전을 유발했다. 한때 여섯 황제가 난립한 적도 있었다. 콘스탄티누스는 제국을 안정시키기 위해서는 무엇보다 제국의 통일이 필요함을 절감했다. 제국을 통일하고 지속적으로 안정시키기 위해서는 강력한 이념의 뒷받침이 필요했다. 그 이념으로 종교만큼 좋은 것이 없었다.

사실 지배자가 효율적인 통치의 수단으로 종교를 끌어들인 사례는 역사에서 무수히 많다. 권력과 종교는 사실 동의어에 가깝다. 정치는 속화俗化한 종교이고, 종교는 신화神話로 포장한 정치다. 왕권신수설이 17세기 루이 14세의 주장인가? 더 고대의 왕들도 신의 이름으로, 신

사막으로 간 대주교

의 대리인으로 민중을 지배했다. 이집트의 파라오가 그랬고, 중국의 천자天子가 그랬고, 이 땅의 단군도 그랬다. 그들에게 정치와 종교는 하나다. 신은 절대적인 믿음과 복종을 요구한다. 그 믿음과 복종은 신의 대리인인 왕에게도 바쳐야 한다. 왕은 신과 소통할 수 있고, 신의 보호를 받기 때문이다. 이것이 군주제를 지탱해온 지배자의 철학이다.

콘스탄티누스의 입장에서 로마의 전통 신들은 별로 매력이 없었다. 지배의 파트너로 삼기에는 여러모로 부족했다. 종교라기보다는 신화였고, 현세에 대한 지배력도 떨어졌다. 반면 강력한 유일신을 내세우는 그리스도교는 제휴의 대상으로서 안성맞춤이었다. 그리스도교가 내세우는 '오직 한 분의 하느님'은 자연스레 '하나의 제국'과 '한 명의 황제'를 지지하는 이념으로 연결될 수 있다. '야훼'라는 이름의 하느님은 당시 잡다한 종교의 어떤 신보다도 강력한 권위를 가진 것으로 보였다. 그 하느님을 황제의 보호자로 삼고 싶었다. 그의 힘을 빌려 사분오열된 제국을 통일하고 안정적인 통치를 이룩하고 싶었던 것이다.

한마디로 그는 그리스도교의 신을 등에 업고 제국을 다스리고자 했다. 그 신을 향한 추종자들의 헌신을 황제를 향한 충성심으로 연결시키고 싶어 했다. 그리하여 제국의 일치와 번영을 지키는 최고의 수호신이 되고자 했다. 그러기 위해서는 자신이 먼저 그 신앙을 공인하고 그 후원자이자 보호자가 될 필요가 있었다. 아무래도 이 시점의 콘스탄티누스는 진실한 신앙인이기보다는 노련한 정치인이었다.

그는 하나로 통일된 제국의 1인 통치자를 향해 한걸음씩 나아갔다. 최종적으로 동·서방을 분할 통치하던 리키니우스를 보스포루스 해협에서 물리치고 324년 1인 황제로 등극했다. 그러나 그 체제가 언제까지 지속될 것인지는 장담할 수 없었다. 제국은 여전히 불안정했고, 민심은 하나로 모아지지 않았다. 그는 비잔티움Byzantium에 자신의 이름을 딴 새 도시 콘스탄티노플Constantinopolis을 건설하고 수도를 옮김으로써 제국의 안녕을 꾀했다. 그는 이 새 수도에 수많은 성당을 건축함으로써 종교적으로도 구심점이 되기를 희망했다. 새 도시는 6년 만에 신속하게 건설되었다. 330년 5월 11일 새 수도 건설을 축하하는 의식이 화려하게 거행되었다.

사막으로 간 대주교

IV
니케아 공의회

"나는 하느님의 교회 안에 내분이 생기는 것을
어떠한 전쟁이나 갈등보다 더 나쁘고
위험스럽게 생각합니다."
– 콘스탄티누스 황제Constantinus I –
(니케아 공의회 개막 연설)

황제교황주의

전통적으로 로마의 황제는 신의 대리인으로서 최고의 제사장을 겸임한다. 황제는 '수석 대제관pontifix maximus'으로 불렸다. 그 연장선에서 콘스탄티누스는 이제 그리스도교 신의 대리인이 되었다. 이전의 황제들이 전통적인 신들을 대리했다면, 그는 새롭고 강력한 그리스도교의 신을 대리하게 된 것이다. 콘스탄티누스는 자신을 그리스도교의 최고 지도자로 생각했다. 이른바 황제교황주의Caesaropapismus의 탄생이다. 물론 이 용어는 좀 더 후대에 성립하지만, 그 싹은 이미 콘스탄티누스에게서 움트고 있다. 황제는 교회회의를 소집하고, 그 결정을 인가하거나 거부했으며, 주교 선출을 승인하거나 면직할 수도 있었다. 황제가 곧 교황이라는 이 주장은 이후 1000년 동안 동로마제국에서 제정일치의 통치원리가 된다.

사막으로 간 대주교

콘스탄티누스는 스스로 주교를 자처하기도 했다. 이를테면 외적 영역의 주교였다. 그는 스스로 '교회의 외적 영역을 보살피기 위해 하느님으로부터 서품 받은 주교'라고 말했다.[42]

그런 콘스탄티누스에게 아리우스 논쟁을 둘러싼 그리스도교의 분열은 더 이상 묵과할 수 없는 문제가 분명했다. 그는 논쟁 자체에는 큰 관심이 없었다. 그것은 니케아 공의회 이후에도 오락가락하는 태도를 보인 데서도 알 수 있다. 그는 전장에서 잔뼈가 굵은 무인 군주로서 삼위일체 논쟁이 가진 신학적 의미를 제대로 이해했으리라고 보기도 어렵다. 그에게 중요한 것은 교회의 일치와 안정이었다. 그를 통한 제국의 안정이었다. 그는 문제 해결이라기보다는 중재와 화해에 나섰다.

콘스탄티누스는 자신의 종교적 고문 역할을 하던 호시우스Hosius(257 경~357/58)를 파견해 중재를 시도했다. 호시우스는 스페인 남부 도시 코르도바Cordoba의 주교로, 오래전부터 콘스탄티누스 황제의 종교적 조언자 역할을 해왔다. 호시우스는 양측 주장을 들어보고 타협안을 마련하려 했다. 황제는 호시우스를 통해 알렉산더와 아리우스에게 직접 장문의 서한을 보내 화해를 권고했다.

그러므로 이제 그대들 두 사람은 똑같이 관용을 보이시오. 충직한 종의 올바른 조언을 받아들이시오. 그 충고는 이런 것이오. 우선 그런 질문을 제기한 것부터 잘못이오. 그 질문에 답변한 것도 잘못이오. 그런 종류의 논쟁은 우리 자신의 사고 영역으로 제한해야 하오. 결코 대중 집회에서 성급하게 발표하거나 경솔하게 대중의 귀에 들어가게 해서는 안 되오. 그처럼 숭고하고 심오한 주제를 정확히 이해하고 적절히 설명할 수 있는 사람이 얼마나 되겠소? 설령 어느 누가 충분한 자격을 갖췄다 해도 그가 납득시킬 수 있는 사람이 몇이나 되겠소? … 나에게 평온한 날들을 돌려주시오. 괴로움 없는 밤을 주시오. 밝은 기쁨과 고요한 삶의 환희가 앞으로 내 삶의 몫이 되게 해주시오. 그렇지 않으면 나는 끊임없는 눈물로 탄식하게 될 것이며, 여생을 평화롭게 보낼 수 없을 것이오. 하느님의 백성들이 이처럼 불합리하고 유해한 논쟁으로 분열되어 있는데 내가 어찌 마음의 평정을 유지할 수 있겠소?[43]

이 정도면 상당히 준엄한 질책이었다. 만일 이 편지가 누군가 가필한 것이 아니라면 황제는 매우 합리적이고, 공정하며, 너그러운 관용까지 갖춘 인물일 것이다. "과연 몇이나 되겠소?"라고 묻는 그의 문제 진단은 진지하고 정확하다. 더불어 제시한 해결 방향 또한 나무랄 데 없다. 그러나 한번 불붙은 논쟁은 쉽사리 수그러들지 않았다. 신학적·종교적 논쟁이 적당한 타협으로 조정될 수는 없는 일이다. 진리를 다투는 자는 승리하거나 잠시 패배할 수는 있어도 타협으로 공존을 선택하지는 않는다. 두 논쟁의 당사자는 명확한 결론이 없는 휴전을 받아들일 수 없었다. 중재 노력은 허사로 돌아갔다.

황제는 마침내 자신이 직접 나서 문제를 해결하기로 작정했다. 그는 제국의 모든 주교들에게 서한을 보내 속히 니케아Nicaea로 와달라

사막으로 간 대주교

고 정중하게 요청했다. 그리스도교 역사에서 최초의 공의회로 꼽히는 니케아 공의회가 소집된 것이다. 재위 20년이 되던 325년 6월이었다.

공의회concilium는 교회를 사목할 책임을 맡은 주교들이 모여 신앙과 교리에 관한 중요한 결정을 내리거나 사목의 문제를 협의하는 공식 회의다. 예수 그리스도의 직접 제자인 사도들이 49~50년에 예루살렘에서 개최한 회의가 공의회의 모태다. 당시의 문제는 할례를 비롯한 구약의 율법 준수에 관한 것이었다. 당시 그리스도교 신앙을 받아들인 유대인들은 구약의 율법을 그대로 준수해야 한다고 주장해 큰 논란이 일었다.

> 그 무렵 유다에서 몇몇 사람이 안티오키아에 내려와 교우들에게 모세의 율법이 명하는 할례를 받지 않으면 구원을 받지 못한다고 가르치고 있었다. 그래서 바울로와 바르나바 두 사도와 그들 사이에 격렬한 의견 충돌과 논쟁이 벌어졌다. 그러다가 결국 교회는 바울로와 바르나바와 몇몇 신도들을 예루살렘에 보내어 다른 사도들과 원로들에게 이 문제를 의논하게 하였다. (사도 15,1-2)

사도들은 예루살렘 회의에서 이 문제를 논의한 뒤 그리스도교는 구약의 교리는 받아들이되 율법의 규정은 부과하지 않는다는 결정을 내렸다. 예수 그리스도가 없는 상태에서 사도들이 연 이런 회의는 교회가 내릴 수 있는 가장 권위 있는 결정이었다.

2, 3세기 박해시대에 교부들은 이 회의를 본받아 교리의 일치나 유대를 확인할 필요가 있을 때 종종 지역별로 주교들의 회의를 열어 결정을 내렸다. 이런 회의를 지역 공의회 또는 관구 공의회concilium provinciale라 한다. 관구 단위를 넘어서는 관구 연합 공의회concilium plenarium도 있다. 공의회의 결정사항은 법적 구속력을 인정받는다.

오늘날 공의회라고 하면 일반적으로 이보다 훨씬 큰 규모의 세계 공의회 또는 보편 공의회concilium oecumenicum를 가리킨다. 보편 공의회는 교황이 소집하고 전 세계 주교들이 참석하며, 그리스도교 전체와 관련된 보편적 주제를 다룬다. 869년 콘스탄티노플에서 열린 공의회까지는 교황 대신 황제가 소집했다.

그렇다고는 해도 지금까지 그리스도교 역사에서 무수히 많이 열린 교회회의 가운데 보편 공의회를 골라내는 것이 쉬운 일은 아니다. 이 같은 분류법 자체가 후대의 학자들이 정리한 것이다. 예딘Hubert Jedin은 모두 21차례의 보편 공의회를 말하지만[44], 샤츠Klaus Schatz는 그런 식의 명쾌한 분류가 더 이상 가능하지 않다고 한다.[45] 어쨌든 첫 번째와 마지막 보편 공의회를 꼽는 데 큰 어려움은 없다. 콘스탄티누스 황제가 소집한 니케아 공의회가 바로 첫 번째 보편 공의회다. 마지막 보편 공의회는 교황 요한 23세B. Joannes XXIII(재임 1958~1963)가 소집해 1962년 10월부터 3년 동안 계속된 제2차 바티칸 공의회Concilium Vaticanum II다.

니케아 공의회

니케아^{Nicaea}, 승리라는 뜻의 이 도시는 아름다운 호수를 끼고 황제의
여름 별장이 있는 휴양지였다. 황궁이 있는 니코메디아에서 30여 킬
로미터 떨어져 있었고, 제국 전역에서 육로나 해로로 접근하기 쉬운
위치였다. 현재 터키 북서부에 속하는 이즈니크^{Iznik}가 바로 이곳이
다. 지금은 인구 2만 명도 안 되는 소읍^{小邑}이지만 당시로서는 비티니
아 지방 제2의 도시였다. 황제는 주교들의 편의를 위해 마차를 보내
거나, 국영 운송 수단을 이용할 수 있도록 배려했다.[46]

참석한 주교들은 대략 200~300명 정도였다.* 공식 참석자가 200
명이 넘는 회의라면 요즘으로 쳐도 대규모 국제회의다. 주교들은 대
부분 사제나 부제를 동반했을 것이므로 총 참석자는 이보다 훨씬 많
았을 것이다. 아리우스도 초대 받았고, 아타나시우스도 알렉산더 대
주교를 수행해 회의에 참석했다.

주교 중에는 박해시대의 흔적을 훈장처럼 몸에 지닌 이들도 있었
다. 네오카이사리아의 파울루스는 고문으로 두 손을 쓰지 못했고, 이
집트의 파프누티우스는 한 쪽 눈을 잃은 채 참석했다. 기적으로 유명

---

* 에우세비우스는 250명 이상이라고 한다.(*Vita Constantini*, III,8, in *NPNF* 2-I, p. 522) 아타나시우스
는 300명 안팎(*De Decretis*, 3, in *NPNF* 2-IV, p. 152)이라고 했다가 나중에는 318명이라고 한다.(*Ad
Afros*, 2, in *NPNF* 2-IV, p. 489) 조금 후대의 기록자인 소크라테스도 318명(*H.E.*, I,8, in *NPNF* 2-II,
p. 10)과 300명 이상(*H.E.*, I,8, in *NPNF* 2-II, p. 8)을 언급한다. 318명이라는 공통된 증언에 대해 창
세기에 나오는 아브라함의 종 318명에 대한 성서적 연상이라는 해석이 있다. 예딘Hubert Jedin에 따
르면 실제 거명할 수 있는 참석자는 220명을 넘지 않았다.(Jedin, *ibid.*, p. 22)

하거나, 소박하고 금욕적인 생활로 존경을 받는 이들도 있었다.

　동방 교구들은 대부분 대표를 파견했지만, 로마 중심의 서방 교회는 고작 7명의 대표만 파견했다. 황제의 종교 고문 역할을 해온 호시우스 주교도 그 중 하나였다. 실베스테르S. Silvester I(재임 314~335) 교황은 사제 2명을 참관인으로 파견할 정도로 최소한의 관심만 유지했다.[47] 이것은 이 논쟁의 중심이 알렉산드리아였고, 그만큼 동방 교회의 주된 관심사였음을 반영한다.

　회의는 325년 5월부터 8월 사이 약 두 달 동안에 걸쳐 황제의 여름 궁전에서 열렸다.* 물론 이 기간 내내 아리우스 논쟁만을 다룬 것은 아니었다. 당시까지 논란이 많았던 예수부활대축일Sollemnitas in Resurrectione Domini의 날짜를 정하는 문제와 멜레티우스파로 불리던 분파를 다시 받아들이는 문제, 그 밖에 교회 규율에 관한 법규 제정 안건 등이 함께 다뤄졌다.

　공식 회의록은 남아 있지 않다. 에우세비우스의 《콘스탄티누스의 생애》를 통해 회의 분위기를 엿볼 수 있다. 공의회는 황제가 회의장에 위풍당당하게 입장하면서 개회되었다.

---

* 공의회 개폐 날짜에 대해 Ernest Cushing Richardson은 6월 19일부터 8월 25일까지라고 한다.(Prolegomena of V.C., in NPNF 2-I, p. 419) 소크라테스Socrates는 5월 20일을 개막일로 제시한다.(H.E., I,13, in NPNF 2-II, p. 19) 공식 개막에 앞서 예비 토론도 있었을 것이다. 따라서 최근의 연구는 5월 20일부터 7월 25일까지를 회기로 보기도 한다.(Jedin, ibid., p. 23 및 Schatz, ibid., p. 39) 6월 19일은 아마도 황제의 입장 날짜인 듯하다. 7월 25일은 황제의 재위 20년 기념식이 열린 날이다.(Eusebius, Vita Constantini, I,1, in NPNF 2-I, p. 481 (註 2)) 이때 회의가 끝났지만 여러 연회에 참석하고 8월에야 모두 해산한 것으로 추정할 수 있다.

니케아 공의회의 한 장면을 묘사한 이콘

모든 주교들이 질서정연하게 착석한 채 조용히 황제의 입장을 기다렸다. 도착을 알리는 신호에 따라 모두 자리에서 일어섰을 때 마침내 황제가 하늘에서 온 하느님의 사자 같은 모습으로 회의장에 들어섰다. 금은보석으로 치장된 황제의 자색 예복이 눈부시게 빛났다. 그의 내면에서도 경건함과 신에 대한 경외심이 분명하게 드러났다. 시선을 낮춘 눈과 홍조 띤 얼굴, 겸손한 걸음걸이가 그것을 보여주었다. 황제는 훤칠한 키와 아름다운 자태, 위엄서린 태도와 침범할 수 없는 강인함으로 좌중을 압도했다. 그는 자신의 황금 보좌에 이르자 주교들의 권유를 받고서야 착석했다. 뒤이어 모든 주교들이 자리에 앉았다.[48]

한 주교가 간단한 환영사를 낭독했다. 이어서 황제가 차분하고 점잖은 라틴어로 개회 연설을 했다. 라틴어를 모르는 동방 주교들을 위해 그리스어 통역이 뒤따랐다. 황제의 연설은 정중하고 겸손했다. 박해 시대가 끝난 지 불과 10년 남짓 지난 시점이었다.

친애하는 여러분, 여러분 모두 한 자리에 모인 모습을 보는 것이 나의 큰 소원이었습니다. 이제 모든 주교들이 참석하고, 한마음으로 일치된 모습을 보게 해주신 하느님께 진심으로 감사와 찬양을 드립니다. 이제부터 우리의 행복을 깨트리는 어떤 사악한 적도 없게 해주시기를 기도드립니다. … 나는 하느님의 교회 안에 내분이 생기는 것을 어떠한 전쟁이나 갈등보다 더 나쁘고 위험스럽게 생각합니다. 그것

사막으로 간 대주교

은 겉으로 드러난 어떤 문제보다 나의 마음을 슬프게 합니다. … 여러분 사이에 불화가 있다는 말을 듣고 나는 이 문제를 결코 뒤로 미뤄서는 안 된다고 생각했습니다. 그래서 나의 수단으로 악을 치유할 수 있기를 진심으로 소망하면서 지체 없이 여러분을 초청한 것입니다. 이제 여러분이 한자리에 모인 것을 바라보는 것만으로도 나는 한량없이 기쁩니다. 그러나 나의 소망은 여러분 모두 평화와 일치의 정신으로 한마음이 된 모습을 보아야 비로소 완전하게 충족될 것입니다. 그러니 친애하는 형제들이여! 지체하지 마십시오. 우리 모두의 주님이시며 구세주이신 하느님의 충직한 종들이여! 머뭇거리지 마십시오. 지금 이 순간부터 여러분 사이에 존재하는 불일치의 원인을 던져버리십시오. 평화의 원칙을 받아들이고 혼란스러운 논쟁은 그만두십시오. 그것이 하느님을 가장 기쁘게 하는 일이며, 또한 여러분과 함께 종이 된 나에게도 크나큰 호의를 베푸는 일이 될 것입니다."[49]

연설을 마친 콘스탄티누스는 회의를 이끈 주교들에게 발언을 허용했다. 그로부터 격렬한 논쟁이 전개되었다. 누군가를 비난하고, 스스로를 변호하고, 다시 상대를 힐난하는 발언이 이어졌다. 거친 표현으로 점철된 파당적 주장이 쏟아졌다.[50]

공식 의장이 누구였는지는 확실치 않다. 만일 황제가 회의의 성격을 자신의 자문회의로 여겼다면 친히 의장 노릇을 했을 것이다. 그러나 코르도바의 호시우스가 의장직을 수행했음을 암시하는 언급들이 있다. 그는 모든 명단의 첫 머리에 나오고, 아마도 황제의 대리자로

서 사회를 맡았을 것이다.[51]

토론과 논쟁 과정은 추정할 수 있을 뿐이다. 시간이 흐르면서 크게 정통파, 아리우스파, 중도파의 구도가 만들어졌을 것이다.[52] 정통파를 대표하는 사람은 알렉산드리아의 알렉산더 대주교였고, 호시우스도 주요 인물이었다. 알렉산더의 부제인 아타나시우스 역시 중요한 역할을 수행했다. 그는 공의회에서 발언권을 갖기에는 지위가 낮았지만 누구보다도 뜨겁고 깊은 열정으로 주교들의 주목을 받았다. 그는 이 공의회를 통해 장차 정통 신앙의 수호자가 될 것임을 깊이 각인시켰다.

아리우스파는 스무 명 이하의 주교들을 확보했다. 사제 신분인 아리우스가 직접 발언할 수 있었는지는 불분명하다. 아마도 니코메디아의 에우세비우스 주교가 종종 아리우스파를 대변했을 것이다. 중도파는 카이사리아의 에우세비우스가 이끌었고, 수적으로 다수였다.

토론이 진행되면서 회의 결론을 위한 다양한 신앙고백문 초안들이 제출되었다. 특히 카이사리아의 에우세비우스가 제출한 초안은 그의 편지 속에 남아 있다. 그는 이 편지에서 자신의 초안이 카이사리아 교회에서 세례 때 사용하는 교리문답에 바탕을 둔 것임을 암시한다. 그리고 공의회가 이 초안에 한두 단어를 추가하는 형태로 받아들였다고 전한다.

우리의 초안이 황제 앞에서 낭독되었을 때 그 어떤 반론도 없었습니다. 오히려 공경하올 황제 폐하께서 가장 먼저 옳다고 인정하고, 전

사막으로 간 대주교

적인 동의를 표하셨습니다. 그리고 단 한 단어, 즉 '본질에서 같다 homoousios'를 첨가하신 후 모든 참석자에게 동의하고 서명하도록 권고하셨습니다.[53]

아마도 이런 초안을 에우세비우스만 제출하지는 않았을 것이다. 각 파의 주장을 담은 다양한 초안들이 나오고, 난상토론을 통해 반박하고, 수정 보완했을 것이다. 니코메디아의 에우세비우스 역시 초안을 제출했음을 시사하는 증언이 있다.

> 에우세비우스의 초안은 그의 불경함을 드러내는 분명한 증거였다. 그의 글이 낭독되었을 때 청중은 큰 충격에 빠졌고, 작성자에게는 돌이킬 수 없는 치욕을 안겨주었다. 불경스러운 문건은 모두가 보는 앞에서 갈가리 찢겨졌다.*

토론이 진행되는 동안 황제는 인내심을 갖고 회의장을 지켰다. 그는 모든 의견을 주의 깊게 경청했고, 만장일치의 결론을 고심했다. 논쟁에 종지부를 찍고 모두의 동의를 받아내기 위해 황제가 직접 나섰다고 해도 그리 놀라운 일은 아니다. 그는 이 회의를 자신이 소집

---

* 이것은 안티오키아의 정통파 주교였던 에우스타티우스Eustathius의 증언이다. 그의 신학적 입장 때문에 다소 과장된 서술로 보기도 한다. 그는 수식어 없이 '에우세비우스'라고만 하는데, 전후 맥락으로 보면 니코메디아의 에우세비우스를 가리키는 듯하다. (Theodoretus, *H.E.*, I.7, in *NPNF* 2–III, p. 47)

해 전문가들의 조언을 듣는 자문회의로 생각했다. 따라서 자신이 최종 결론을 내리는 것을 당연하게 생각했다. 마침내 공의회의 의장이 신앙고백문이 완성되었음을 선언했다. 곧이어 서기가 그것을 낭독했다. 이 문서가 바로 니케아 신경Symbolum Nicaenum이다.

니케아 신경

니케아 신경은 성부, 성자, 성령에 대한 신앙고백과 함께 아리우스주의 파문을 명기하고 있다. 그 전문이다.*

우리는 한 분이신 하느님을 믿는다. 그분은 전능하신 아버지이시며, 유형무형한 만물의 창조주이시다.

그리고 우리는 한 분이신 주 예수 그리스도를 믿는다. 그분은 하느님의 외아들이시며, 아버지에게서 나셨으며, 곧 아버지의 본질에서 나셨다. 하느님에게서 나신 하느님이시며, 빛에서 나신 빛이시며, 참 하느님에게서 나신 참 하느님이시다. 그분은 창조되지 않고 나셨으며, 아버지와 본질에서 같으시다. 그분으로 말미암아 만물이, 하늘에 있는 것들이나 땅에 있는 것들이 생겨났다. 그분은 우리 인간을 위하여, 우리의 구원을 위하여 내려오시어 육신을 취하시고, 사람이 되셨으며, 고난을 받으시고, 사흘날에 부활하시고, 하늘로 올라가셨으며, 산 이들과 죽은 이들을 심판하러 오실 것이다.

그리고 우리는 성령을 믿는다.

"그분이 존재하지 않은 시대가 있었다." "나시기 전에 존재하지 않았다." 하고 말하는 사람들을, 또는 비존재에서 생겨났다거나, 다른 히포스타시스hypostasis 또는 우시아ousia에서 존재한다고 말하는 사람들을, 또는 하느님의 아들은 창조되었으며, 변할 수 있으며, 달라질 수 있다고 말하는 사람들을, 보편되고 사도로부터 이어오는 교회는 파문한다.

이 신경의 핵심은 성자에 대한 신앙고백이다. 특히 "그분은 창조되지 않고 나셨으며, 아버지와 본질에서 같으시다."라고 한 것은 그동안의 논쟁을 명쾌하게 정리하는 문장이다. '아버지와 본질에서 같다' ** 고 선언한 것은 동일본질homoousios을 주장한 정통파의 손을 들어준 것이다.

이 핵심 용어가 채택된 경위는 여전히 의문으로 남아 있다. 황제가 이 용어를 직접 제안했다는 에우세비우스의 서술은 그대로 받아들이기 어렵다. 그는 전장을 누비며 살아온 무인 군주였다. 설사 공식적으로 황제가 제안했다 해도, 그 이면에 누군가의 조언이 있었을 것이다. 호시우스를 그 조언자로 보는 견해도 있지만 확실치 않다. 다만

---

* 이 신경의 그리스어 원문은 Socrates, *H.E.*, I,8과 Theodoretus, *H.E.*, I,11 참조. 영어 번역문은 각각 *NPNF* 2-II, p. 11과 *NPNF* 2-III, p. 50 참조. 이 한글 번역은 Drobner, *ibid.*, pp. 345-346에서 옮겼다.
** 이 부분의 그리스어 원문은 "ὁμοούσιον τῷ Πατρί"이다. 라틴어로는 "consubstantiálem Patri"이다. 영어로는 "of one Being with the Father" 등 몇 가지 번역이 있다.

니케아 신경을 들고 서있는 교부들

이 용어는 이전에도 논란이 된 기록이 있다.

"창조되지 않고 나셨으며"라는 표현은 매우 흥미로운 대목이다. 성자가 태어난 존재인지 아닌지는 아리우스 논쟁의 초기 단계에서 매우 중요한 쟁점이었다. 알렉산더 대주교는 '하느님이 태어나지 않으셨듯이 성자도 태어나지 않은 존재'라고 했다. 아리우스는 이를 반박하면서 성자를 '태어난 존재'로 규정했다. 표면적으로 보면 니케아 신경의 "창조되지 않고 나셨으며"*라는 표현은 아리우스의 주장을 받아들인 것처럼 보인다.

그러나 이 표현은 그때까지 종종 엇비슷한 의미로 사용된 '태어난'이라는 말과 '창조된'이라는 말의 개념을 명확히 구분한 것이다. 성자는 성부로부터 나셨지만 창조되지는 않았다. 성자의 나심은 창조 이전의 일이며, 창조는 피조물에만 해당된다. 이는 아리우스파의 주장인 성자의 피조물성을 분명하게 거부한 것이다.

황제의 강력한 역할에 힘입어 니케아 공의회는 이 신경을 채택했다. 콘스탄티누스는 이 신성한 선언에 저항하는 자들은 유형에 처할 것이라고 단호하게 경고했다. 거의 모든 주교들이 신경에 서명했다. 아리우스파에 섰던 주교들도 하나둘씩 서명에 동참했다. 니코메디아의 에우세비우스를 비롯한 5명의 주교들은 서명을 거부했다. 에우세비우스는 이로 인해 한동안 추방되었다가 신경을 받아들인다는 각서를 제출하고 사면되었다. 마지막까지 서명을 거부한 사람은 둘

---

* 이 부분의 그리스어 원문은 "γεννηθέντα οὐ ποιηθέντα"이다. 라틴어로는 "génitum, non factum", 영어로는 "begotten, not made"로 번역한다.

에 불과했다. 이집트의 주교인 테오나스와 세쿤두스였다.[54] 그들은 아리우스와 함께 일리리아Illyria의 변방으로 추방되었다. 일리리아는 오늘날의 슬로베니아와 크로아티아, 보스니아 헤르체고비나 일대를 말한다.

이로써 그리스도교 역사에 한 획을 그은 니케아 공의회가 끝났다. 아리우스의 서책들을 모두 회수해 소각했고, 그의 추종자에게는 '그리스도교의 적'이라는 낙인을 찍었다. 아리우스 징계는 정통 신앙을 벗어난 이단을 국가가 처벌한 최초의 사례로 기록된다. 교회의 최고형은 파문이었지만, 국가는 추방과 유배 심지어 사형이라는 형벌까지 사용하게 된다. 그것은 교회에 대한 범죄가 곧 국가에 대한 범죄로 간주됨을 선언한 것이다. 그것은 정치와 종교의 결합, 국가와 교회의 결합을 의미한다. 이제 막 신앙의 자유를 획득한 그리스도교는 이런 과정을 거쳐 점차 황제의 종교, 제국의 국교로 자리 잡았다.

그리스도교 역사에서 니케아 공의회가 차지하는 비중은 참으로 무겁다. 최초의 공의회이면서 동시에 가장 중요한 공의회다. 앞으로 몇 세기에 걸쳐 정통 신앙이 발전해갈 수 있는 기틀을 다진 회의였다. 아타나시우스는 이 회의를 가리켜 "모든 이단에 대한 승리의 기념비"[55]라고 했다.

니케아 공의회가 삼위일체론을 공인하지 않았더라면 그리스도교는 세상에 흔한 신앙의 한 형태로 남았을지 모른다. 예수는 신도, 인간도 아닌 신화 속의 인물로 전락했을지 모른다. 니케아 공의회를 통해 그리스도교는 신이면서 동시에 인간인 예수 그리스도 상을 제시하

사막으로 간 대주교

고, 세계 종교로 가는 길을 열었다.

황제는 공의회 결과에 크게 만족했다. 다소 협박도 했지만 어쨌든 만장일치에 가까운 합의를 이끌어 낸 것이다. 이로써 교회의 분열은 막을 내리고, 자신은 하나로 통합된 교회의 보호자인 동시에 최고 지도자로서 권위를 갖게 될 것이다. 제국도 통일했고, 교회도 통일했다. 이제부터 정치와 종교, 모두에서 명실상부한 '신의 대리인'으로 군림할 것이다.

그는 주교들을 몇 주일 더 머물게 하고, 자신의 재위 20년을 기념하는 성대한 연회를 베풀었다. 카이사리아의 에우세비우스는 이번에도 황궁 연회의 화려함에 경탄한다. 그는 "마치 그리스도 왕국의 모습을 미리 보는 듯 했고, 현실이라기보다는 꿈과 같았다"고 묘사한다.[56]

연회를 마친 주교들은 각자의 사목 지역으로 돌아갔다. 황제는 품위에 넘치는 고별사와 함께 한 아름씩 선물 꾸러미를 준비했다. 또 제국 전역의 그리스도 교회에 보내는 친필 서한을 들려 보냈다. 공의회에 참석하지 못한 사람들에게 회의 진행과 결정사항을 알리고, 교회의 일치와 화합을 당부하는 내용이었다.[57]

V
총대주교

"주교들은 교회의 목자들이므로, 주교의 말을 듣는
사람은 그리스도의 말씀을 듣는 것이고,
주교를 배척하는 사람은 그리스도를 배척하고
그리스도를 보내신 분을 배척하는 것이다."
– 교회헌장 20, 제2차 바티칸 공의회 –

아리우스파를 논박하다

삼위일체론을 정통 교리로 채택한 니케아 공의회가 열렸을 때 아타나시우스는 스물일곱 살이었다. 그는 알렉산더 대주교를 수행하면서, 아리우스파에 맞서는 연로한 대주교를 도와 막중한 임무를 수행했다. 그는 정통 신앙을 수호하려는 열정에 찬 모습과 논리 정연한 변증으로 주목 받았다. 공의회에 참석한 주교들은 이 젊은 부제의 뛰어남에 경탄했다.

아타나시우스가 이처럼 빛나는 활약을 했다는 시각은 뉴먼John Henry Newman(1801~1890)*과 샤프Philip Schaff 같은 학자들의 호의적인 서술에서 비롯된 것으로 보인다. 더 거슬러 올라가면 당대의 교부 나지안

---

* 영국 태생의 추기경으로 일찍이 아타나시우스의 교회사적 가치에 주목하는 여러 저술을 남겼다. *Arians of the Fourth Century* (1833), *Historical Tracts of St. Athanasius* (1843), *Select Treatises of St. Athanasius* (1881) 등.

주스의 그레고리우스에 닿을 것이다. 그러나 주교들만 200여 명이 참석한 공의회에서 한낱 부제에 불과한 아타나시우스가 정말로 그처럼 뛰어난 활약을 할 수 있었을까? 연구자들이 의문을 품는 대목이다. 아타나시우스가 니케아 공의회에서 직접 뛰어난 변설을 펼쳤다고 보는 것은 아무래도 무리한 상상인 듯 싶다. 알렉산더 대주교를 비롯한 정통파 주교들의 모임이나 회의에 배석하면서 아리우스파 반박 논리를 정리하고 다듬는 역할을 했다는 정도로 이해하면 무리가 없을 것이다. 전반적으로 공의회 진행 과정에서 아타나시우스의 역할과 논리 전개를 보여주는 자료는 보이지 않는다. 무엇보다 공의회 진행과 결론 도출의 과정을 알려주는 자료 자체가 별로 없다.

그러나 아타나시우스가 공의회 이전에 벌써 저서를 두 권이나 발표했다는 전통적 견해에 따르면 그가 이미 알려진 인물이었을 가능성도 배제할 수는 없다. 아타나시우스는 이교도의 다신 숭배를 비판한 《이교도 반박Contra Gentes》과 하느님 말씀의 육화의 의미를 다룬 《육화론De Incarnatione Verbi Dei》을 저술했다. 특히 《육화론》은 아타나시우스의 신학을 대표하는 주저主著로 꼽히는 작품이다.

두 저서는 아리우스주의에 대한 언급이 없다는 점에서 아리우스 논쟁 이전에 쓰인 것으로 추정한다. 그렇다면 아마도 318년 이전에, 그러니까 그가 스무 살 무렵에 쓴 것이 된다. 그러나 최근에는 이 책의 저술 연도를 대주교 서품 초기인 328년 이후로 보는 견해가 늘고 있다.[58] 아무래도 니케아 공의회에서의 활약을 뒷받침할만한 자료로 삼기에는 무리가 있다.

어쩌면 그는 학문적이라기보다는 뛰어난 직관으로 진리와 오류를 판별하는 탁월한 능력을 지닌 것이 아닌가 싶다. 물론 좀 더 나중에 저술된 저작물에서는 아리우스파를 반박하는 그의 논리 전개가 잘 드러난다. 그는 《아리우스파 반박론Orationes contra Arianos》, 《아리우스파의 역사Historia Arianorum ad Monachus》 등을 통해 아리우스파 신학을 공박했다.

> 이 때문에 그리스도께서는 하느님의 정체성과 본질의 단일성을 보여주기 위하여 "아버지와 나는 하나"(요한 10,30)라고 말씀하셨고, "아버지께서 내 안에 계시고 또 내가 아버지 안에 있다"(요한 10,38)고 하셨습니다. 아버지와 아들은 하나이기 때문입니다. 두 개로 쪼개진 하나가 아닙니다. 이름이 두 개 붙여진 하나, 그래서 어떤 때는 성부로, 어떤 때는 성자로 불리는 것도 아닙니다. 성부와 성자는 둘이지만 본질이 하나입니다. … 광채는 빛이며, 태양의 온전한 자식입니다. … 태양과 광채는 둘이지만, 태양에서 나온 빛은 그 광채로 만물을 비추는 하나입니다. 마찬가지로 성자의 신성 또한 성부의 것입니다. 그리하여 그 둘은 나눠질 수 없습니다.[59]

아타나시우스는 또 이집트 주교들에게 보낸 여러 서한에서도 자신의 신학적 입장을 역설했다. 《세라피온에게 보낸 편지Epistula ad Serapionem》의 한 대목에도 삼위일체에 관한 그의 논리가 잘 드러난다. 세라피온은 이집트 트무이스Thmuis의 주교였다.

사막으로 간 대주교

성부께서는 말씀을 통하여 성령 안에서 모든 것을 이루십니다. 그리하여 거룩한 삼위일체의 단일성이 보존되는 것입니다. 따라서 교회는 '만물 위에 계시고, 만물을 꿰뚫어 계시며, 만물 안에 계시는 한 분 하느님'을 가르칩니다. 그분은 시작이며 근원이신 성부로서 '만물 위에' 계시고, 성자로서 '만물을 꿰뚫어' 계시며, 성령으로서 '만물 안에' 계십니다. 이름과 말로만이 아니라 참된 실체로서 삼위일체이십니다. 바로 성부께서 '있는 이 바로 그분'이듯이, 성자 또한 '있는 이 바로 그분, 만물 위에 계시는 하느님'이십니다. 또한 성령께서는 실재하지 않는 분이 아니라 참으로 존재하고 실재하는 분이십니다. … 바로 이것이 교회의 신앙임을 알아야 합니다. 주님께서 사도들을 파견하실 때 이 삼위일체로 교회의 기초를 삼도록 가르치셨습니다. "너희는 가서 모든 민족들을 내 제자로 삼되, 성부와 성자와 성령의 이름으로 세례를 베풀어라"(마태 28,19)고 하셨습니다. 그래서 사도들은 가서 그렇게 가르쳤으며, 이것이 하늘 아래 모든 교회에서 이뤄지는 복음의 선포입니다.[60]

알렉산더 대주교는 임종의 자리에서 아타나시우스를 잠정적인 후계자로 지명했다. 328년 4월 17일 알렉산더가 숨지자, 그를 따르는 주교들은 급히 서둘러 아타나시우스를 후임 대주교로 선출했다. 아타나시우스는 328년 6월 8일 알렉산드리아의 대주교로 서품되었다.

그의 대주교 선출은 일부 절차의 문제도 있어 적지 않은 논란이 일었다. 이를테면 참석하지 않은 투표자의 서명이 없는데도 동의한 것

성 아타나시우스의 이콘

으로 간주했다. 특히 멜레티우스파는 자기네 파의 인물을 옹립하려던 계획에 차질이 생기자 크게 반발했다. 그들은 대립 주교를 내세우는 등 두고두고 아타나시우스를 괴롭혔다.

무엇보다도 당시 로마제국의 다섯 대주교좌 중의 하나를 차지하기에는 서른이라는 그의 나이가 너무 젊었다. 주교가 되기 위한 최소 연령은 서른 살이었다. 주교 서품 당시 그의 나이가 이에 못 미쳤다는 기록이 있다.[61] 그러나 콘스탄티누스 황제가 알렉산드리아 공동체에 보낸 축하 서한에서 그의 서품에 동의했기 때문에 과반수의 이집트 주교들은 아타나시우스를 받아들였다.[62]

정상頂上의 성직자

교계제도hierarchia에서 일정 지역의 사목을 관장하는 직책을 주교episcopus라고 부르고, 주교의 관할 구역을 교구dioecesis라고 한다. 주교는 보편적으로 성령의 은사恩赦가 전달되는 매체로 간주한다. 그들은 은사를 교구민들에게 널리 전파하는 임무를 수행한다. 그러한 권리와 임무는 예수 그리스도와 열두 사도로부터 위임받은 것이다. 그들은 그리스도의 가르침을 전하는 영적 스승인 동시에 교회 조직을 지휘하는 행정 수뇌다. 절대적인 권한으로 교구 성직자들을 임면하고 다스린다. 교구 사목에 관한 전권을 행사하며, 필요한 입법권과 징계권을 통해 교회와 신앙을 수호한다.

주교들은 하느님의 대리로서 양 떼를 다스리는 그 목자가 되고, 교리의 스승, 거룩한 예배의 사제, 통치의 봉사자가 되는 것이다. … 그러므로 거룩한 공의회는 주교들이 신적 제도에 따라 사도들의 자리를 계승하였다고 가르친다. 주교들은 교회의 목자들이므로, 주교의 말을 듣는 사람은 그리스도의 말씀을 듣는 것이고, 주교를 배척하는 사람은 그리스도를 배척하고 그리스도를 보내신 분을 배척하는 것이다. (교회헌장 20, 제2차 바티칸 공의회)

이러한 주교의 권위는 공의회의 결정이 아니라 예수 그리스도의 가르침에서 나온다. 예수는 사도를 배척하는 것은 곧 하느님을 배척하는 것이라고 가르쳤다.

(예수께서) 이렇게 꾸짖으시고 제자들에게 "너희의 말을 듣는 사람은 나의 말을 듣는 사람이고 너희를 배척하는 사람은 나를 배척하는 사람이며 나를 배척하는 사람은 곧 나를 보내신 분을 배척하는 사람이다." 하고 말씀하셨다. (루가 10,16)

주교는 사도들의 후계자로서, 본질적으로 직위와 권리 면에서 동등하다. 시골과 도시, 소도시와 대도시의 주교 사이에 우열은 없다. 그러나 정치 행정체계가 그렇듯이 교회 조직도 위계질서가 생기는 것은 신앙 정서에서 볼 때 자연스러웠다. 처음에는 사도들이 세운 교회인 예루살렘, 안티오키아, 에페소Ephesus, 코린토Corinthus, 로마의 주교

사막으로 간 대주교

들이 성직 위계 제도의 우위에 서 있었다. 그러나 교회 권력이 점차 정치적 성격을 띠게 되면서, 로마제국의 행정체계와 도시의 크기에 따라 주교들의 등급도 조정되고 확립되었다.

당시 그리스도교는 로마제국을 넷으로 나눠 네 총대주교구 patriarchatus를 두었다. 각각의 중심도시는 알렉산드리아, 안티오키아, 콘스탄티노플, 로마였다. 여기에 예루살렘 중심의 총대주교구가 나중에 추가되었다. 예루살렘은 이스라엘 멸망 이후 주교직도 단절되었지만, 가장 역사가 깊은 그리스도교의 원천으로서 지위를 인정받았다. 총대주교구는 다시 여러 대교구archidioecesis와 교구dioecesis들로 분할되었다.

총대주교구의 장長인 총대주교patriarcha는 다섯으로 분할된 제국 교회 각각에서 전권을 행사하는 최고 책임자였다. 그들은 거점 도시의 수도대주교를 겸임하면서, 다른 주교를 임명했고, 교회의 논쟁에서 최종 판결을 내렸고, 공의회를 주재했다.

다섯 총대주교의 권한은 서로 동등했지만, 영향력의 크기는 서로 달랐다. 콘스탄티노플에 새 수도가 건설되기 전까지는 정치와 종교 양면에서 로마-알렉산드리아-안티오키아 순서였다. 381년 콘스탄티노플 공의회Concilium Constantinopolitanum는 황궁 소재지인 콘스탄티노플 총대주교의 지위를 '명예에서 로마 주교에 버금가는 지위'로 인정했다. 여기서 '버금가는'이라는 단어는 서열이 아닌 시간적 의미로 받아들여졌다. 즉 실질적인 권한에서 동등함을 알리는 공식 선언으로 이해되었다. 그러나 로마 교회는 물론 그것을 인정하지 않았다.[63]

총대주교는 교회 성직위계의 최고 정점에 서 있으며, '성직의 원수 princeps sacerdotum', '정상頂上의 성직자sumus sacerdos' 같은 명예로운 호칭을 헌사 받았다. 일반적으로는 파트리아르카patriarcha로 불렸는데, 원래 이스라엘의 족장들을 가리키는 말이었다. 이 용어는 초창기 동방 교회에서 주교들에게 사용하다가, 콘스탄티노플 공의회381년와 칼케돈 공의회Concilium Chalcedonens 451년 이후에는 공식적으로 다섯 총대주교에게만 사용했다.

로마 교회의 수장은 자신을 다른 총대주교들과 동일한 지위에 놓는 이 용어를 기피하다가 나중에는 교황Papa이라는 칭호를 사용했다. 원래 파파Papa는 주교나 대수도원장을 뜻했으나, 5세기 이후 교황만을 지칭하는 용어로 굳어졌다.[64]

교황은 사도 베드로의 후계자임을 내세워 그리스도교 전체에 대한 수위권首位權primatus을 주장했다. 수위권은 예수 그리스도가 베드로에게 부여한 권한이다. 예수는 베드로를 교회의 반석이라 부르며 그 반석 위에 교회를 세우겠다고 약속했다.

"잘 들어라. 너는 베드로이다. 내가 이 반석 위에 내 교회를 세울 터인즉 죽음의 힘도 감히 그것을 누르지 못할 것이다. 또 나는 너에게 하늘나라의 열쇠를 주겠다. 네가 무엇이든지 땅에서 매면 하늘에도 매여 있을 것이며 땅에서 풀면 하늘에도 풀려 있을 것이다." (마태 16,18-19)

사막으로 간 대주교

베드로는 로마의 주교로서 로마에서 활동하다가 그곳에서 죽었으며, 로마 주교는 베드로의 후계자로서 수위권을 계승한다. 이 주장은 초대 교회 이후 몇 세기동안 인정받았다. 그러나 4세기 말부터는 시간이 흐를수록 황제들의 후광을 입은 새 수도 콘스탄티노플의 지위가 강화되었다. 451년 칼케돈 공의회는 콘스탄티노플 총대주교에게 광범위한 판도의 수위권을 부여했고, 530년 황제 유스티니아누스Iustinianus I(483~565 재위 527~565)는 그 권한을 동방 교회 전역으로 확대했다.

그러나 황제의 호의와 제국의 수도라는 이점이 반드시 유리한 결과만을 가져오지는 않았다. 동방 교회는 늘 정치적 영향력에서 자유롭지 못했고, 신앙 문제에서조차 늘 변하는 황궁의 분위기에 흔들렸다. 다양한 이단들이 나타나고 교리 논쟁으로 늘 불안정했지만 이를 수습할 지도력과 권위는 부족했다.

반대로 서방 교회는 황궁에서 멀어진 것이 오히려 독립적으로 발전하는 데 유리하게 작용했다. 흔들림 없는 정통성과 교리적 안정성을 유지하면서 절대 교황제를 확립해 나갔다. 동방 교회조차 종종 교황에게 자문과 보호를 요청했으며, "로마에서 판결났다Roma locuta est"라는 표현이 최고이자 최종 판결로 통했다.[65]

열정과 순수의 조우

아타나시우스가 알렉산드리아의 대주교가 되었다는 것은 알렉산드리아 중심의 총대주교구 전체를 관장하는 총대주교가 되었다는 의미다. 로마제국 전역의 그리스도교회에서 다섯 명뿐인 최고 성직자 가운데 하나가 된 것이다. 그나마 콘스탄티노플은 아직 완공되지도 않았을 때였다. 알렉산드리아는 명예로 보면 로마에 이어 2위였고, 실질적인 교세로 보면 동방의 중심이었다. 당시 그리스도교의 교세는 4세기 말을 기준으로 대략 제국 동방이 1000만 명, 서방이 400~500만 명 정도였다.[66] 제국 동방은 알렉산드리아, 콘스탄티노플, 안티오키아, 예루살렘 총대주교구를 모두 합한 것이고, 서방은 로마 중심의 서유럽 전역을 가리킨다.

알렉산드리아 대주교는 나일 강 상류와 하류의 이집트 전역과 리비아 등 부유한 아홉 교구를 관할했다.[67] 아타나시우스는 대주교 취임 이후 광대한 자신의 사목 구역을 자주 시찰하며 지역 교회를 돌보았다.

특히 이집트는 흔히 수도 문화의 발상지로 알려져 있다. 당시 이집트 사막과 나일 강 인근에는 치열한 수행과 강렬한 영적 체험을 통해 신앙의 완덕을 추구하는 수도승monachus들이 상당히 많았다. 그들은 하느님의 부르심과 사도들의 가르침에 전적으로 봉헌하는 삶을 살기 위해 홀로, 또는 집단으로 용맹 정진했다.

이러한 수도 문화의 기원에 대해서는 다양한 견해가 있다. 고메즈Jesus Alvarez Gomez는 수도승 생활vita monastica의 시작을 밀라노 칙령 이후 순교의 필요성이 사라진 것과 연관 짓는다. 박해 시대의 순교 영성을 잃고 싶지 않았던 사람들이 그리스도를 따르는 완전한 사랑의 형태로 수도 생활을 택했다는 것이다. 그는 수도승을 순교자들의 계

승자라고 말한다.[68]

그러나 박해시대에도 이미 꽤 많은 수도승들이 있었으므로 이 견해는 설득력이 떨어진다. 프랑크Karl Suso Frank는 그리스도교가 전파된 동방 지역에 이집트 수도원과 관계없이 독자적으로 생성된 수도원이 있었다는 견해를 제시한다.[69]

수도 생활의 원형을 사도들과 초기 교회의 공동체에서 찾거나 그리스도교 밖의 수행 문화에서 찾는 견해도 있다. 앞에서 보았듯이 신플라톤주의 사상가 플로티노스에게서도 이미 수도 영성의 강력한 뿌리가 보인다. 수도 문화가 이집트에서 시작되었다거나, 특정 인물을 수도 생활의 창시자로 단순화하는 것은 오류일 수 있다. 시기적으로는 대체로 3세기 중후반으로 본다.

이집트의 수도 문화를 대표하는 두 인물이 바로 안토니우스와 파코미우스다. 안토니우스Antonius(251경~355/6)는 흔히 '사막의 은수자'로 불리며 독수獨修주의 수도 문화를 대표한다. 그들은 사막의 동굴 속에서 홀로 온갖 유혹과 싸우며 기도와 묵상을 통해 극치의 영적 순결성을 추구했다. 이러한 수행 방식은 한편으로 상당한 위험에 노출되어 있었다. 의지 박약이나 극단적 고행으로 영적·육적인 파멸에 이르는 수도자들이 종종 있었다. 파코미우스Pachomius(290/92경~346/47경)는 이러한 독수주의 수도 방식의 한계를 깨닫고 공동 수행 방식을 택했다. 그는 높은 담장으로 둘러싸인 공주共住 수도원을 짓고, 엄격한 생활규칙을 만들어 효율적인 공동 수행을 이끌었다. 안토니우스처럼 홀로 수행하는 수도자들을 에레미타eremita 은세隱世수도승 또는 아나코레타

성 파코미우스의 이콘 〈라우수스 역사〉에 따르면 그는 기도 중에 천사로부터 수도 규칙을 전달받았다. 이것이 교회사에 등장하는 첫 번째 수도규칙서다.

anachoreta 독거獨居수도승이라 부르고, 파코미우스의 방식을 따르는 수도자들을 코에노비타coenobita 공주共住수도승이라 부른다.

파코미우스는 그리스도교 역사에서 제도적 수도원 문화의 창시자로 꼽힌다. 그가 타벤네시Tabennesi에 세운 최초의 수도원은 엄격한 규율과 공동생활로 오늘날 수도원의 원형을 보여준다. 그의 지도를 받기 위해 수많은 제자들이 모여들었다. 그는 잇따라 수도원 아홉 곳과 수녀원 두 곳을 세우거나 받아들였다. 346년경에 수도원에 번진 페스트로 사망했을 때 그의 공동체에는 수천 명의 수도승이 있었다. 5세기 초에 이 공동체를 방문한 팔라디우스Palladius에 따르면 모母 수도원에만 1300명, 전체적으로는 7000명에 이르렀다.[70]

아타나시우스는 취임 다음해인 329년 나일 강 상류의 테바이스Thebais 지역을 사목 방문visitatio canonica한다. 테바이스는 테베Thebae를 중심으로 하는 넓은 지역이고, 테베는 오늘날의 룩소르Luxor 일대다. 타벤네시는 나일 강을 거슬러 올라가다 테베 못 미친 곳에 있었다. 아타나시우스는 이때 타벤네시 공동체에 들러 수도승들의 환영을 받고, 그

사막으로 간 대주교

들을 격려한 것으로 전해진다.[71]

콥트어로 된 파코미우스 전기에 따르면 이때 아타나시우스는 텐티라 Tentyra의 주교인 세라피온Serapion의 요청으로 파코미우스를 타벤네시 공동체의 사제로 서품하기를 원했다. 이를 원치 않았던 파코미우스는 수도승들 사이로 몸을 감추어 버린다. 아타나시우스는 수도승들에게 이렇게 말한다.

성 파코미우스의 또 다른 이콘 배경으로 그가 세운 수도원과 수많은 수도승들의 모습이 보인다.

"과연 파코미우스의 신앙심은 듣던 대로이군요. 여러분의 아빠스Abbas에게 전해 주세요. '당신은 질시와 불화의 길을 멀리하고, 언제나 그리스도 안에 머무를 수 있는 더 나은 길을 택했습니다. 주님께서 당신의 바람대로 이루실 것입니다.'"[72]

아타나시우스와 파코미우스의 직접 만남과 그 대화를 전해주는 자료는 부족하다. 그러나 아타나시우스는 첫 여행 외에도 자주 관할 구역을 돌며 다양한 사람들과 접촉했다. 그의 사목 방문은 다음해에도 이어졌다. 따라서 이 시기에 아타나시우스와 파코미우스가 만났다고 해도 분명 지나친 상상은 아니다.

두 사람의 만남은 열정과 순수의 거룩한 조우였다. 서로를 끌어당기는 강렬한 힘이 불꽃처럼 타올랐을 것이다. 고결한 영혼은 한순간에 서로를 알아보고, 깊은 존경과 신뢰를 느꼈다. 한 사람은 진리를 향한 신념에 불타는 젊은 대주교였고, 또 한 사람은 치열한 수행으로 완덕을 추구해온 영적 스승이었다. 둘 다 신앙을 위해서라면 기꺼이 목숨을 내놓을 준비가 된 젊은 30대였다. 나이 차는 여섯 또는 여덟 살로 크지 않았다. 두 사람은 단번에 수십 년 세월을 뛰어넘어 그리스도의 참 제자로서 깊은 교분을 맺는다.

만일 파코미우스가 끝내 사양하지 않았더라면 그는 주교직에 오를 수도 있었을 것이다. 아타나시우스는 나일 강변에 새로이 싹트기 시작한 수도원 문화에 깊은 관심을 가졌다. 특히 몇 년 뒤 수도승들을 주교로 임명함으로써 수도 생활을 교회와 융합하고자 했다. 이런 조치는 그가 직무를 수행하는 데 있어 수도자들의 강력한 지지와 후원을 받는 기반이 되었다. 훗날 그가 아리우스파에 밀려 주교직에서 쫓겨나 도망자의 신세가 되었을 때 이때의 인연이 큰 도움이 된다. 수도승들은 은신처가 필요한 아타나시우스에게 전적으로 보호와 지원을 제공한다.

부활 축일 서신을 쓰다

아타나시우스는 대주교 취임 이후 해마다 예수 부활 대축일을 앞두고 교구 전역의 교회에 축일 서신을 보냈다. 이 전통은 아타나시우스 이

전의 알렉산드리아 대주교들로부터 이어져온 관행이었다. 이 서신은 부활 대축일 날짜를 고지하면서 시의적절한 사목적 권고를 덧붙이는 내용이다. 아마도 사순절Quadragesima 이전에 작성해 그 사본을 여러 교회로 보냈을 것이다. 각 성당에서는 보통 부활 1주 전인 예수수난성지주일Dominica in Palmis de Passione Domini 미사 때 이 서신을 낭독했다.

이 서신들은 1842년 이집트 스케티스Scetis 사막의 한 수도원에서 발견된 많은 분량의 시리아어 자료 속에 들어 있었다. 유럽 학자들은 이 자료를 얻기 위해 한 세기가 넘게 노력했다. 마침내 대영박물관으로 자료가 옮겨졌을 때 그 속에 묻혀 있던 아타나시우스의 편지가 빛을 보게 되었다. 이때 이 편지의 수집가가 정리한 것으로 보이는 색인index도 함께 발견됐는데, 아타나시우스의 생애를 정리하는 데 결정적인 도움을 준다.

부활 축일 서신의 중요한 목적은 당시까지 상당히 논란이 많았던 부활절 날짜를 고지하는 것이었다. 부활 대축일 날짜는 2세기 이후 길고 격렬한 논쟁의 주제였다. 소아시아 교회는 유대교의 파스카Pascha 축제 전통에 따라 '니산Nisan 달月 14일' 즉 춘분 이후 첫 만월滿月이 되는 날을 축일로 지냈다. 로마와 알렉산드리아 교회는 '춘분 이후 첫 만월 다음에 오는 첫 일요일'을 축일로 지냈다. 전자는 14일이라는 날짜에 고정되는 반면 후자는 일요일에 고정되고 날짜는 해마다 달라진다.

이 문제를 두고 로마 교회와 소아시아 교회는 거의 분열되는 수준까지 갔다. 여기에는 예수 그리스도를 십자가에 못 박은 유대교에 대한 뿌리 깊은 반감이 깔려 있다. 유대인들과 같은 날 축제를 즐긴다는 것을 참을 수 없었던 것이다. "혐오스런 유대인의 무리와는 아무것도 공유하지 말자"[73]는 취지였다. 이 논쟁은 325년 니케아 공의회에 와서야 해결되었다. 공의회는 부활절을 '주님의 날'인 일요일에지낸다는 결정을 내리고, 해마다 부활 대축일 날짜를 고지할 소임을알렉산드리아의 대주교에게 맡겼다.

아타나시우스는 328년부터 373년까지 46년 동안 알렉산드리아의대주교였으므로, 해마다 부활 축일 서신을 썼다면 모두 45편이 있어야 한다. 그러나 추방과 도피로 서신을 쓸 수 없었던 해가 많았고, 유실된 서신도 있다. 현재 27편의 서신이 알려져 있지만 공식적인 축일서신으로 보기 어려운 편지들도 섞여 있다. 해외에서 부활절을 맞으며 이집트의 친구나 알렉산드리아의 성직자들에게 띄운 편지들이다.또한 형태가 온전한 서신은 10여 편 뿐이고 나머지는 부분적인 단편들이다.

이 서신을 분류할 때는 329년 서신을 1차로 하고 해마다 연속으로번호를 매겨서 373년의 서신을 45차 서신으로 명명한다. 다음은 329년에 보낸 1차 서신의 일부분이다.

사랑하는 교우 여러분, 부활 축일이 다가오고 있습니다. 정의의 태양이 우리를 비추고 축제의 시간을 예고합니다. … 우리는 파르무티
Pharmuthi 달月 5일(그레고리우스력 3월 31일)에 거룩한 금식禁食을 시작합니다. 이 금식은 그로부터 엿새 동안 계속하다가 거룩한 안식일인

같은 달 10일(4월 5일)에 마칩니다. … 가난한 이웃들을 기억하십시오. 낯선 이에 대한 친절을 잊지 마십시오. 무엇보다 온 마음과 힘과 능력으로 하느님을 사랑하십시오. 이웃을 내 몸처럼 사랑하십시오. 그러면 우리는 눈으로 본 적도 없고 귀로 들은 적도 없으며 아무도 상상조차 하지 못한 것을 상으로 받게 될 것입니다. 그것은 하느님께서 당신을 사랑하는 사람들을 위하여 마련해 두신 것입니다.(마태 2,9) 하느님의 외아들, 우리의 주님이시며 구세주이신 예수 그리스도를 통하여, 성부께, 성령에 의해, 영광과 지배가 영원히 있나이다. 아멘.[74]

아리우스의 복권

일리리아의 변방 속주로 추방된 아리우스는 실의에 빠졌지만, 패배를 시인한 것은 아니었다. 그는 자신의 패배를 철학적 · 신학적 논쟁에 식견이 부족한 황제가 잘못 결정한 탓으로 여겼다. 종교적 패배가 아니라 정치적 패배였다. 그는 자신의 주장이 진리임을 조금도 의심치 않았다. 언젠가 진리가 승리할 것이라는 믿음에 있어서 그는 아타나시우스에 못지않았다. 그는 니케아 공의회의 결정에 승복하지 않았지만, 표면적인 태도는 많이 누그러뜨리며 끊임없이 복권을 꾀했다.

니케아 공의회가 끝난 지 채 3년이 되기도 전에 다시 아리우스를 사면하려는 움직임이 생겼다. 아리우스를 지지했다가 불명예스럽게 쫓겨났던 니코메디아의 에우세비우스는 이미 황제의 신임을 회복하고 주교직을 되찾은 터였다. 아리우스파 주교들은 이제 아리우스의 사면을 황제에게 탄원했다. 아리우스에게 우호적이던 모후 헬레나와 황제의 이복 여동생 콘스탄티아도 거들었을 것이다.

특히 콘스탄티아의 친척으로 황제의 신임을 얻게 된 한 사제가 황제를 설득했다고 전하는 자료가 있다. 이 사제는 기회 있을 때마다 아리우스의 신앙이 니케아 공의회가 선포한 신앙 기조와 조금도 다르지 않으며, 그는 다만 중상모략을 받았을 뿐이라고 말했다. 만일 황제가 아리우스를 불러 면담한다면, 아리우스는 니케아 신경을 적극 지지할 것이라고 역설했다.*

아리우스도 327년 말에 몇 사람이 함께 서명한 탄원서를 황제에게 보냈다.[75] 황제는 거듭된 청원을 받고 아리우스를 소환해 그의 신앙을 검증하기로 했다. 이 시기에 황제의 생각도 서서히 바뀐 것으로 보인다. 그는 이제 죗값을 충분히 치룬 아리우스를 사면함으로써, 황제의 자비와 관용을 드러내고 싶어 했다.

아리우스는 328년 황제의 소환을 받고 일리리아에서 니코메디아로 돌아올 수 있었다.[76] 함께 추방되었던 부제 한 명과 함께였다. 그들은 자세를 낮추고 니케아 공의회의 모든 결정을 기꺼이 받아들이겠다고 약속하는 신앙고백문을 제출했다.

저희는 전능하신 성부, 한 분의 하느님을 믿습니다. 또한 성자 주 예

---

* 이 사제의 이름은 알 수 없는데, 이 때문에 일부 연구자들은 신빙성에 의문을 품는다.(Socrates, *H.E.*, I, 25, in *NPNF* 2-Ⅱ, p. 28)

사막으로 간 대주교

수 그리스도를 믿습니다. 그분은 성부로부터 가장 먼저 나셨으며, 하늘과 땅의 모든 만물은 그분을 통하여 창조되었습니다. 그분은 하느님이시며 말씀이십니다. … 만일 우리가 보편 교회와 성경이 가르치는 대로 성부와 성자와 성령을 믿고 진심으로 받아들이지 않는다면 하느님께서는 다가올 심판 때는 물론 지금 바로 우리를 판결하실 것입니다. 그러므로 이제 저희들이 어머니이신 교회로 돌아가 온 백성을 대신해 폐하의 태평성대를 위해 기도할 수 있도록 자비로우신 폐하께서 바다처럼 넓은 아량을 베풀어 주시기를 앙망하옵니다.[77]

아리우스가 이 고백을 통해 성자의 신성에 관한 자신의 생각을 바꾸었는지는 애매하다. 아마도 그는 자신이 믿는 진리를 쉽사리 포기하지 않았을 것이다. 어쨌든 황제는 만족했다. 신앙적 표현에 숨은 미묘한 차이를 그가 알아차렸기를 기대할 수는 없을 것이다. 황제는 알렉산더 대주교에게 이제 니케아 신앙을 받아들인 아리우스를 이집트로 돌아갈 수 있도록 허락하라고 촉구했다.

그러나 알렉산더로서는 황제의 요구를 선뜻 이행하기가 내키지 않았을 것이다. 그가 보기에 아리우스는 자신의 주장을 조금도 바꾸지 않았다. 그를 불러들인다면 또다시 격렬한 논란이 재연될 게 뻔했다. 그것은 감당 못할 후환을 자초하는 일이었다. 알렉산더는 황제의 요구를 차일피일 미루다가 328년에 죽고 말았다. 그의 자리는 아타나시우스가 물려받았다.

황제는 알렉산더의 죽음을 계기로 이제 이 골치 아픈 분열이 끝나기를 기대했다. 황제의 마음을 끌어당긴 것은 중용파였다. 삼위일체 논쟁에서 유사본질homoiousios 개념을 제시하며 중용의 입장을 취한 주교들이다. 카이사리아의 에우세비우스와 니코메디아의 에우세비우스가 그 중심이었다. 이들은 논쟁의 전개과정에서 다소 오락가락하긴 했지만 대체로 정치적, 신학적으로 중용과 화해의 노선을 취함으로써 황제의 신뢰를 확보했다. 아리우스를 다시 받아들이는 데도 거부감이 없었다.

황제의 의중은 이 무렵에 열린 안티오키아 교회 회의에 반영되었다. 카이사리아의 에우세비우스가 의장으로 활동한 이 회의는 아리우스의 복권을 결정했다. 이 회의는 328년 혹은 329년에 열렸다.[78]

황제는 이 정도로 두 진영이 화해하고 공존하기를 바랐다. 그러나 사태는 황제의 기대와는 정반대로 치달았다. 두 진영의 적대감은 점차 상대의 존재를 용인할 수 없는 단계로 나아갔다. 신성한 교리 논쟁은 이제 증오에 가득 찬 종파싸움으로 바뀌었다. 온갖 인신공격과 중상모략, 욕설과 폭력이 난무하는 진흙탕 속으로 빠져들었다.

아타나시우스는 아리우스파 논박에 뛰어난 활약을 보이며 대주교가 되었지만 아직 동방 교회 전체의 지지를 확보하기에는 역부족이었다. 무엇보다 그는 너무 젊었다. 젊다는 것은 종종 의욕과 소신을 앞세우고, 유연함과 노련미가 부족하다는 것을 의미한다. 그가 대주교가 된 328년에 30세라면, 아리우스는 72세, 콘스탄티누스 황제는 53세였다. 황제의 조언자 호시우스 주교는 71세, 논쟁의 향방에 중요한 역할을 한 카이사리아의 에우세비우스 주교는 68세였다. 물론 어

사막으로 간 대주교

림잡은 나이다. 모두 권위와 경륜에 있어 아타나시우스보다 한 수 위인 사람들이었다. 박해시대를 견뎌온 교회의 영향력 있는 지도자들에게 아타나시우스는 아직 애송이에 불과했을 것이다.

멜레티우스파의 공격

아타나시우스는 특히 이집트 내에서도 전폭적인 지지를 받지는 못했다. 특히 멜레티우스파로부터는 악연이라고 할 만큼 집중적으로 공격당했다. 멜레티우스 분열의 시원은 박해시대로 거슬러 올라간다. 멜레티우스는 상부 이집트에 있는 리코폴리스의 주교였다. 당시 알렉산드리아의 대주교는 페트루스였다. 페트루스는 박해기간에 피신해 있었는데, 멜레티우스는 그 자리를 공석으로 여기고 주교 임명 등 월권을 행사했다. 페트루스는 멜레티우스와 그 지지자들을 파문했다.[79]

멜레티우스는 이 파문에 저항하거나 자신을 정당화하지 않았다. 대신 그는 지지자들을 규합해 별도의 분파를 만들었다. 그들이 다시 교회 안으로 받아들여진 것은 니케아 공의회 때였다. 이때 알렉산더 대주교는 그들에게 명단 제출을 요구했는데, 제출된 명단은 이집트의 주교 29명, 알렉산드리아의 사제 4명과 부제 3명, 지방 사제 1명으로, 만만찮은 세력이었다.[80]

멜레티우스파는 공의회 결정을 통해 알렉산더 대주교에게 복종해야 했지만, 그가 죽자 후임 대주교 자리를 노리고 다시 움직였다. 그 자리가 아타나시우스에게 돌아가자 그들은 아리우스파와 손을 잡고 대항했다.[81] 아리우스파가 멜레티우스파를 끌어들였다는 것이 더 적절할 것이다. 이 시기 아리우스파를 이끈 인물은 단연 니코메디아의 에우세비우스였다. 그는 황제의 도시에 있으면서 이집트 내의 멜레티우스파와 손잡고 아타나시우스 축출을 주도했다.

아타나시우스의 대주교 선출은 절차가 매끄럽지 못했다. 만일 정상적인 절차를 준수했다면 그 자리는 자기네 몫이 되었다는 것이 멜레티우스파의 주장이었다. 아마도 그런 주장이 완전 억지는 아니었을지 모른다.

멜레티우스파는 아르세니우스를 대립 주교로 내세우며 끊임없이 아타나시우스를 괴롭혔다. 처음에는 신성 모독 혐의를 제기했고, 나중에는 사기, 모함, 폭력, 고문, 강간, 살인죄 등으로 고소했다. 5세기의 교회사가 소조메누스Sozomenus는 아타나시우스에게 제기된 혐의를 열 가지도 넘게 나열한다.[82]

신성 모독이란 아타나시우스가 자신의 사제를 시켜 어느 성당의 멜레티우스파 사제를 축출하는 과정에서 미사 중에 제대를 덮쳐 성작聖爵calix을 깨트리고, 제대를 뒤엎었다는 것이다. 물론 아타나시우스는 이를 날조라고 일축했다.

성작은 포도주를 담는 잔을 말한다. 이 포도주는 미사 중에 사제의 축성consecratio을 통해 그리스도의 성혈聖血 Sanguis Pretiosissimus로 바뀐다. 성작은 수세기 동안 귀중한 재료로 만들어졌다. 처음에는 유리가 매우 귀했기 때문에 유리로 만들다가 3세기경부터 금과 은으로만 만들

사막으로 간 대주교

었다. 미사 중에 성작을 깨트렸다면 그것은 그리스도의 성혈을 바닥에 흩뿌렸다는 의미가 된다. 이것은 단순한 성작의 파손을 넘어 상상할 수 없는 신성 모독이 된다. 그리스도인들에게 성혈은 실수로 한 방울 흘렸을 때조차도 곧바로 혓바닥으로 핥아 먹어야 할 만큼 소중하다.

살인 혐의는 아르세니우스와 관련된 것이다. 고발자들에 따르면 아타나시우스의 지지자들은 아르세니우스의 집에 몰려가 불을 지르고 그를 붙잡아 채찍질한 뒤 감금했다. 아르세니우스는 간신히 탈출해 몸을 숨겼는데, 시중에는 그가 살해되었다는 소문이 퍼졌다.[83] 아타나시우스는 꼼짝없이 살인 교사범으로 몰렸다. 이 문제는 결국 아타나시우스의 지지자들이 숨어 있던 아르세니우스를 찾아내 주교들 앞에 데려옴으로써 무죄를 입증했다. 아르세니우스는 이때 마치 아타나시우스 지지자들에 의해 한쪽 팔이 잘려나간 것처럼 위장했지만 금세 들통 났다.[84]

이런 비난과 공격들에 대해서 아타나시우스는《아리우스파 반박변론Apologia contra Arianos》을 통해 해명했다. 그의 해명 또는 변명은 때로는 장황하고 때로는 의심스럽다. 1600년을 건너뛴 오늘의 관점에서 이런 세세한 사건들의 진실을 가리기는 매우 어렵다. 다만 아타나시우스의 해명이 당대 사람들을 충분히 이해시킨 것 같지는 않다. 그것은 아타나시우스가 나중에 저술을 통해 자신의 무죄를 해명했다는 사실에서 역설적으로 유추할 수 있다.

진실은 종종 변명하기 어려운 지경에 빠지기도 한다. 일일이 해명하는 것이 구차스러워지기도 한다. 변명과 해명이 구별이 안 되는 상황이 되면 고결한 인품일수록 입을 다문다. 진실의 힘을 믿고 때를 기다리지만 그 때는 매우 늦게 오기도 한다. 멀리 떨어진 사람에게는, 아니 아주 가까이 있는 사람에게도 진실은 종종 오리무중이다. 당시 사람들이 아타나시우스에게 씌워진 파렴치 혐의를 어떻게 생각했는지는 알 길이 없다. 그러나 도덕성을 건드리는 이런 종류의 공격은 설사 마지막에는 실패하더라도 한동안 꽤 쏠쏠한 효과를 낳는 법이다.

콘스탄티누스 황제는 언제부터인가 분쟁의 원인이 아리우스이기보다는 아타나시우스라고 생각하게 되었다. 그가 원한 것은 교회의 화합이었다. 아리우스를 완강히 배척하는 아타나시우스야말로 화합의 최대 걸림돌로 여겨졌다. 황제의 의중을 보여주는 편지 한 통이 아타나시우스의 글 속에 남아 있다.

> 교회에 오고 싶어 하는 모든 사람에게 자유로운 입장을 허용한다는
> 나의 뜻을 알고 있을 것이오. 만일 그대가 누군가를 배척하거나 입장
> 을 금지했다는 것을 알게 되면 나는 즉시 사람을 보내 그 자리에서
> 물러나게 할 것이오.[85]

황제의 이런 마음을 변덕으로 보는 것은 종교적 관점일 뿐이다. 정치적 관점에서 보면 오히려 일관된 입장일 수 있다. 애초에 아리우스 추방은 종교적 동기가 아니라 정치적 동기로 취해진 조치였다. 적어도 황제에게는 그랬다. 그에게 중요한 것은 교회의 일치를 통한 제국

사막으로 간 대주교

의 안정이었을 뿐, 교리 논쟁이 아니었다. 삼위일체 논쟁에서 무엇이 진리인지는 그의 입장에서 지극히 하찮은 일이었다. 황제는 아리우스파와 니케아파 가운데 신념이 철저한 인물들을 차례로 추방했다.

아타나시우스 역시 아리우스를 받아들이라는 황제의 요청을 거절했고, 결국 황제의 소환을 받는다. 그는 아마도 330년 말에 황궁으로 갔다가 332년 초에야 이집트로 돌아온 것으로 보인다. 즉 자신을 변호하기 위해 1년 넘게 자리를 비워야 했다. 330년이면 새 수도 콘스탄티노플이 완공330년 5월된 해이므로 그가 간 곳은 콘스탄티노플의 황궁이었을 것이다. 332년 부활절을 앞두고 쓴 4차 서신에서 그는 귀국이 늦어진 데 따른 양해를 구하고 병까지 앓았다고 고백한다.[86]

변방으로의 유배

그 무렵 콘스탄티누스 황제는 재위 30년을 앞두고 대대적인 기념행사를 준비하고 있었다. 그는 예루살렘에서 발견된 그리스도의 무덤터에 웅장한 성전을 지어 봉헌할 계획이었다. 성묘聖墓 성당은 예수 그리스도가 십자가에 못 박히고, 동굴에 묻혔다가 부활한 자리에 세워졌다. 황제는 이 성전 건축을 위해 금과 은 등 값비싼 자재와 노동력을 아낌없이 지원했다.[87] 그러고는 자신의 재위 30년에 맞춰 성대한 축성식을 준비했다. 그는 이 축성식에 많은 주교들을 초청해 회의를 개최함으로써 또 한 번 자신의 권위를 드러낼 작정이었다.

화려한 잔치를 앞두고 교회의 분열은 불경으로 여겨졌다. 먼저 해결하지 않으면 축하 분위기를 망칠지도 몰랐다. 황제는 고집 센 주교들이 다투는 꼴을 더 이상 보고 싶지 않았다. 그는 주교들에게 예루살렘으로 오기 전에 먼저 회의를 열어 분열 요소를 말끔히 정리하라고 요구했다.[88]

335년 7월 11일 예루살렘 길목의 티루스Tyrus에서 교회회의가 열렸다. 아타나시우스는 이 회의에 참석하고 싶지 않았다. 자신에게 적대적인 주교들이 회의를 주도하는 상황에서 스스로를 충분히 변호할 수 없다고 생각했을 것이다. 그는 이미 1년 전인 334년에 카이사리아의 교구 법정에 기소된 상태였다. 당시 그는 출석 요구를 받고도 무시해 버렸다.[89] 그러나 이번에는 사정이 달랐다. 그는 자발적으로 참석하지 않는다면 강제 압송할 것이라는 황제의 서한을 받고는 어쩔 수 없이 참석했다. 성작 파손 혐의를 받은 마카리우스 사제는 사슬에 묶여 호송되었다.[90]

황제도 이 회의에 참석했지만 곧바로 콘스탄티노플로 돌아갔다. 회의는 카이사리아의 에우세비우스가 이끌었다.* 주교직을 되찾은 니코메디아의 에우세비우스도 중요한 역할을 했다. 회의는 불행하게도 아타나시우스에 대한 성토장 같은 분위기로 흘러갔다. 그의 적들이 해묵은 죄목을 들고 나왔고, 이를 심판하기 위해 온갖 증인들이 불려 나왔다. 신성 모독 혐의를 입증하기 위한 조사단이 구성되고, 증거

---

* 드롭너Drobner에 따르면 그는 이 회의의 의장으로 활동했지만 아타나시우스를 몰아내려는 음모에는 관여하지 않았다. (Drobner, *ibid.*, pp. 324–325 참조)

사막으로 간 대주교

수집을 위해 알렉산드리아의 마레오티스Mareotis 성당으로 파견되었다. 아타나시우스는 조사단의 구성이 매우 편파적이고 불공정하다고 항의했지만 받아들여지지 않았다.[91]

아타나시우스는 더 이상의 해명이 소용없다고 생각했다. 위증과 폭력이 난무하는 회의에서 더 자신을 변호할 수 없었다. 멜레티우스파와 아리우스파, 에우세비우스파에 둘러싸여 고립무원이었다. 그는 황제와의 정면 담판만이 문제를 해결할 수 있다고 생각했다. 아타나시우스는 회의가 진행 중일 때 조용히 이 도시를 물러나 황제의 도시로 향했다.

주교들은 그가 궐석인 상태에서 판결을 내렸다. 조사단의 현지 조사 결과가 제출되자 주교들은 투표를 통해 아타나시우스의 해임을 결정했다. 그들은 모든 일을 마치고 성대한 축제가 기다리고 있는 예루살렘으로 떠났다.[92]

예루살렘 교회회의는 335년 9월 17일에 열렸다. 두 에우세비우스가 주도하고 황제가 직접 참석한 회의에서 아타나시우스에게는 추방이 최종 선고되었다. 반면 아리우스는 교회와 황제의 기대에 부응하는 명백하고 화해가 담긴 신앙고백서를 제출했다. 이로써 교회는 아리우스의 신앙을 공식 승인하고, 그를 다시 받아들였다. 황제는 이제 교회의 분열이 끝나야 한다고 강력히 주문했다.[93]

한편 티루스 교회회의 도중에 그곳을 떠난 아타나시우스는 10월에 수도 콘스탄티노플에 도착했다. 그는 황제를 알현하고 싶었지만 접견이 허용될지 자신할 수 없었다. 그는 황제의 길목을 지키고 있다가 기습적으로 뛰어드는 방법을 택했다. 놀란 황제는 그 장면을 이렇게 서술한다.

> 내가 말을 타고 콘스탄티노플로 들어섰을 때 갑자기 길 한복판으로 아타나시우스가 뛰어들었소. 나는 수행원들에게 물어보고서야 그가 누구인지 알아차렸소. 나는 그와 단 한마디도 나누고 싶지 않았소. 나는 즉시 내 눈 앞에서 사라지라고 호령했지만 그는 대담하게도 한 마디만 들어달라고 끈질기게 청원했소. 그의 탄원은 내 앞에서 자신의 혐의를 해명할 공정한 기회를 갖기 위해 그대들을 이리로 불러달라는 것이었소.[94]

황제는 무례한 행동에 대노했지만 대주교는 추호의 두려움도 없이 정의와 양심에 따른 결백과 무죄를 호소했다. 용기와 웅변은 효과가 있었다. 황제는 아타나시우스가 간청한 내용을 서한을 통해 알리며 티루스 교회회의에 참석한 모든 주교들은 즉시 콘스탄티노플의 황궁으로 오라고 명령했다. 아타나시우스에 대한 최종 결정도 잠시 유보했다.

이 무렵 문제를 꼬이게 만든 또 하나의 사태가 발생했다. 바로 알렉산드리아 항구에서 발생한 밀 선적 거부 파문이다. 알렉산드리아는 이집트 산 곡물의 수출항이었다. 해마다 곡물 수십만 톤이 이 항구를 통해 로마제국 곳곳으로 실려 갔다. 나일 강 주변의 비옥한 평야지대에서 생산된 밀은 품질이 우수해서 로마를 포함한 이탈리아가 독점

수입할 정도였다. 콘스탄티누스 황제는 새 수도 콘스탄티노플을 건설한 뒤, 로마로 가던 이집트 산 밀을 콘스탄티노플로 돌렸다. 황제는 이 밀로 새 수도의 하층 계급에게 무상 배급을 실시했다.

아타나시우스의 해임 소식이 알려지자 알렉산드리아의 민심은 술렁거렸다. 지지자들은 명백히 부당한 이 판결을 받아들이기 어려웠다. 그들은 자기들이 사랑하는 대주교의 복직을 요구했다. 이때 아타나시우스가 알렉산드리아 항구 노동자들을 부추겨 파업을 획책하고 있다는 소문이 떠돌았다. 자기 말 한마디면 노동자들이 곡물 선적을 거부할 것이라고 위협했다는 것이다. 물론 아타나시우스는 자신과 무관하다고 항변했지만 의혹은 증폭되었다.

에우세비우스파는 이런 사정을 황제에게 보고하면서, 아타나시우스한테 직접 들었다는 주교들을 내세웠다. 콘스탄티노플을 너무나 사랑한 황제에게 수도 시민의 생계를 볼모로 한 파업 위협은 큰 충격이었다. 더 이상의 진실 규명 노력은 무의미해졌다. 분노한 황제는 즉시 아타나시우스의 추방을 명령했다.[95] 아타나시우스는 336년 2월 8일에 멀고먼 게르마니아 땅 트리어Trier로 유배되었다. 그는 그곳을 '세상의 끝'이라고 표현했다.

트리어에서

트리어는 오늘날 독일 라인란트팔츠 주에 속하는 인구 10만 명 정도의 도시다. 지리적으로 룩셈부르크와도 가깝다. 도시 동쪽으로는 아름다운 모젤 강이 흐른다. 그 강변을 따라 펼쳐진 포도밭의 풍광은 '모젤 드라이브'로 불릴 만큼 눈부시다. 독일 와인을 대표하는 모젤 와인의 집산지가 바로 트리어다.

트리어는 독일어 지명이고 이탈리아어로는 트레비리Treviri, 프랑스어로는 트레브Tréves로 불린다. 로마 시대에는 아우구스타 트레베로룸 Augusta Treverorum으로 불렸다. 기원전 15년경 아우구스투스Augustus(기원전 63~기원후 14) 황제가 세운 도시의 역사를 말해준다.

지금은 독일에서도 가장 작은 도시에 속하지만, 로마 시대에는 제국의 경계인 라인 강 방어선을 지키는 전략적 요충지로서 갈리아 총독의 주둔지였다. 4두정치 체제가 도입된 3세기말부터는 황제가 머무르는 제국의 수도 네 곳 가운데 하나였다. 콘스탄티누스도 서방 부제이던 시절에 이곳에 머물렀다.

지금 이 도시 곳곳에는 로마 시대의 유적들이 남아 있다. '검은 문'이라는 뜻의 '포르타 니그라Porta Nigra'를 비롯해 황제의 온천인 '카이저테르멘Kaiserthermen', 원형극장, 공중목욕탕, 황제 알현실이 있던 바실리카 등이 과거의 영화를 말해준다. 이런 건축물들은 대부분 1세기에서 4세기 사이에 세워졌으므로 아타나시우스의 영욕을 지켜보았을 것이다.

아타나시우스는 이곳에서 2년 가까이 유배 생활을 했다. 이 유배는 다섯 차례에 이르는 아타나시우스의 추방 역사에서 첫 번째일 뿐이다. 유배된 몸이기는 하지만 도시를 활보하며 지냈다고 한다. 2년여

사막으로 간 대주교

계속된 유배기간은 아타나시우스에게 결코 헛되지 않았다. 서방 교회의 지도자들과 사귈 수 있는 좋은 기회가 되었기 때문이다. 그들은 정통 신앙을 지키려다 핍박받고 쫓겨 온 유배자를 존경으로 대했다. 아타나시우스는 그들에게 동방 신학을 소개하면서, 서로에 대한 이해를 높였다.

트리어는 4세기에 주교 관구가 설정되면서 알프스 이북 그리스도교의 중심지가 된 곳이다. 당시 그 지역 주교는 막시미누스S. Maximinus였다. 아타나시우스는 막시미누스와 자주 만나 교분을 나누었다. 나중에 막시미누스의 후임자가 되는 파울리누스S. Paulinus와도 이 시기에 만났을 것이다. 파울리누스는 이때의 인연으로 아타나시우스의 지지자가 되었고, 나중에 이 일로 곤욕을 치른다.

아타나시우스는 대주교 착좌 이후 해마다 거르지 않고 써오던 부활 축일 서신을 트리어에서는 쓰지 못한 것으로 보인다. 그의 축일 서신 목록에는 336년과 337년의 부활 서신이 빠져 있다. 그러나 338년 부활절을 앞두고는 다시 축일 서신을 보냈다.

형제자매 여러분, 비록 멀리 떠나왔지만 나는 연례적인 거룩한 부활 축제의 시간을 알려드리는 오랜 관례를 잊지 않고 있습니다. … 모든 문제를 하느님께 맡기고 있음에도, 나는 먼 거리를 무시하고 여러분과 함께 부활 축일을 보내고 싶다는 열망에 휩싸여 있습니다. 비록 공간이 우리를 갈라놓고 있지만 우리의 파스카 양이 되시고, 성령을 보내주시는 주님께서는 우리가 마음의 일치와 조화, 평화로운 연대 속

V 총대주교

에 함께 있도록 해 주실 것입니다. 우리가 마음으로 같은 것을 염원하고, 서로를 위해 같은 기도를 드릴 때, 어떤 공간도 우리를 갈라놓을 수 없을 것이며, 주님께서 우리가 함께 있도록 해 주실 것입니다.[96]

한편 알렉산드리아의 시민과 신자들은 아타나시우스의 추방에 큰 불만을 품고 황제에게 그의 복귀를 탄원했다. 이집트 사막에서 수도修道에 열중하고 있던 은수자 안토니우스 역시 이때 아타나시우스 구원에 나섰다. 그는 아타나시우스를 강력히 지지하고 그의 무죄를 호소하는 편지를 여러 차례 황제에게 보냈다.[97]

황제의 마음은 냉랭했다. 그는 오히려 알렉산드리아 시민들의 어리석음과 불복종을 질책하고, 성직자와 수도자들에게 더 이상 분란을 일으키지 말라고 경고했다. 안토니우스에게 보낸 답신에서도 아타나시우스는 거만하고 오만불손하며 불화와 폭동의 원인이라고 규정했다.

아리우스의 죽음

아타나시우스가 추방되던 그 즈음에 아리우스는 유배를 끝내고 돌아올 수 있었다. 그는 335년 예루살렘 교회회의에서 공식 사면 복권된 상태였다. 콘스탄티누스 황제는 아리우스를 콘스탄티노플의 황궁으로 불러 그동안의 노고를 위로했다. 그는 황궁에서 우호적인 대접을 받았다.

황제는 아리우스의 신앙을 다시 한 번 검증했다. 아리우스는 주저 없이 신앙고백문에 서명했다. 그것은 니케아 공의회의 모든 결정을 기꺼이 받아들인다는 내용이었다. 한 세기 뒤의 교회사가 소크라테스에 따르면 이때 아리우스는 교묘한 속임수로 황제를 속였다. 황제가 맹세를 요구했을 때 아리우스는 또 다른 신앙고백문을 옷소매 속에 감추고 있었다. 그는 자신의 신앙고백이 진심에서 우러나온 것임을 신 앞에 엄숙히 맹세했지만, 그 맹세는 자신의 옷소매 속을 향하고 있었다.[98]

그 날은 토요일이었다. 아리우스는 다음날 콘스탄티노플의 대성당 미사에 참석함으로써, 그의 사면과 복귀를 공식으로 알릴 예정이었다. 승리를 확인한 그날 아리우스는 갑자기 숨을 거두었다. 336년이었다. 나이 여든이었으니 결코 이른 죽음은 아니었다. 그러나 떠들썩한 죽음이었다.

> 아리우스는 큰 소리로 떠들다가 갑자기 강한 복통설사에 시달렸다. 그러고는 갑자기 성경 말씀처럼 "거꾸러지며 배가 터지고 내장이 온통 쏟아져 나왔다."(사도 1,18) 이어 즉시 나뒹굴며 숨을 거뒀다.[99]

이것은 아타나시우스가 묘사한 아리우스의 죽음이다. 인용된 성서 구절은 예수를 팔아넘긴 유다의 죽음을 서술한 장면이다. 그는 아리우스의 죽음을 유다의 죽음과 같이 본다. 이 설명에 따르면 죽음의 장소는 화장실이거나 실내 공간으로 추정할 수 있다. 아타나시우스는 물론 현장에 없었다. 트리어에서 유배 중이던 그는 당시 콘스탄티노플에 있는 사제 마카리우스한테 소식을 듣고 기록을 남겼다. 그러나 소크라테스가 묘사하는 아리우스의 죽음은 이와는 조금 다르다. 그는 확신에 찬 어조로 길거리에서 죽었다고 기록한다.

아리우스는 많은 사람들의 이목을 끌며 도시 한복판을 의기양양하게 행진하고 있었다. 돌기둥이 서있는 콘스탄티누스 광장을 지날 때쯤 그는 심한 양심의 가책과 공포에 휩싸였다. 지나친 공포로 내장이 뒤틀린 그는 주변에 쉴 만한 곳을 찾았다. 광장 바로 뒤쪽으로 급히 자리를 옮겼지만 곧바로 설사를 하면서 실신했다. 심한 출혈과 함께 창자가 쏟아졌다. 흥건한 피가 오장육부를 적셨다. 그는 그 자리에서 즉사했다. 이 비극의 현장은 지금도 콘스탄티노플에서 볼 수 있다. 지나가는 사람들은 손가락으로 그 회랑을 가리킨다. 이런 종류의 이상한 죽음은 오래 기억되기 마련이다.[100]

여기서 양심의 가책이란 거짓 맹세로 인한 것으로 보인다. 소크라테스의 기록은 5세기 초에 쓰였다. 시간적으로 거리가 좀 있다는 것은 역사를 서술하는 데 있어서 때로는 유리하게, 때로는 불리하게 작용한다. 어쨌거나 좀 의문스러운 죽음이었다. 아타나시우스는 이 대목에서 묘한 문장을 하나 덧붙인다.

그들은 미치광이 아리우스파의 불경과 사악함을 응징하기 위해 보다

사막으로 간 대주교

성 니콜라스S. Nicolas(270경~343)**로부터 뺨을 얻어맞는 아리우스의 모습을 그린 프레스코화**
니콜라스 성인은 터키 남부 미라Myra의 주교로서, 니케아 공의회에 참석한 것으로 알려져 있다.
오늘날 산타클로스라는 명칭은 그의 이름에서 유래한다. _Fresco, Soumela Monastery, Turkey

강력하게 이끌렸는지도 모른다.[101]

아리우스의 죽음 저편에 누군가의 의도가 있음을 암시하는 것으로 읽을 수 있다. 이 기록은 이집트 트무이스의 주교이면서 아타나시우스의 오른팔 역할을 한 세라피온Serapion(300경~370)에게 보내는 짧은 편지에 들어 있다. 아타나시우스는 세라피온에게 그 편지를 함부로 공개하거나 사본을 만들어 퍼트리지 말라고 당부한다.

후세의 사가들 가운데는 기번이 아리우스 독살설에 동조하는 모습을 보인다. "그의 죽음을 둘러싼 수상쩍고 무시무시한 정황을 보면, 정통파 성인들이 가장 무서운 적의 손에서 교회를 구하고자 기도보다 더 효과적인 어떤 수단을 빌렸을지 모른다는 의심을 품지 않을 수 없다"[102] 여기에 무엇인가 해석을 덧붙이기는 조심스럽다. 독살은 당시에 정적을 제거하는 흔한 수법이었다. 그러나 괴기스런 죽음의 묘사 자체가 아리우스를 유다와 연결시키려는 의도적인 서술일 수도 있다. 대부분의 연구자들은 이 부분에 별다른 언급을 하지 않음으로써 신중한 경계심을 드러낸다.

어쨌거나 열렬한 지지와 극단적인 비방 속에 한 시대를 소란하게 하던 아리우스의 삶은 이로써 끝났다. 그러나 그의 주장은 표현을 바꿔가며 반 세기를 더 살아남아 니케아파와 승부를 펼쳤다. 결과적으로 그는 중심에서 밀려나 이단으로 단죄되었다. 교회사가들은 아리우스를 지칭할 때 흔히 '아리우스 이단' 으로 부른다. 이 칭호가 명예로운 것은 아니지만 여기에도 역설의 진리가 숨어 있다. 이단이 없으면 정통도 없다. 불의가 없으면 정의가 빛나지 않는다. 적의 공격이 없으면 성채를 튼튼히 지을 필요가 없다. 그리스도교는 아리우스 이단의 공격을 방어하면서 논리적·철학적·신학적으로 발전했다. 교회는 호되게 홍역을 치렀지만 그리스도교 신학은 그만큼 풍요로워졌다.

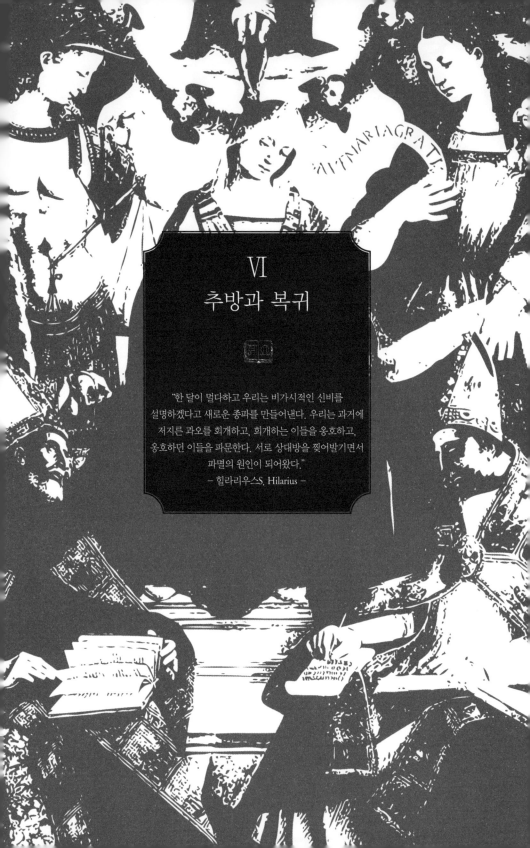

VI
추방과 복귀

"한 달이 멀다하고 우리는 비가시적인 신비를
설명하겠다고 새로운 종파를 만들어낸다. 우리는 과거에
저지른 과오를 회개하고, 회개하는 이들을 옹호하고,
옹호하던 이들을 파문한다. 서로 상대방을 찢어발기면서
파멸의 원인이 되어왔다."
－ 힐라리우스S. Hilarius －

황제의 세례와 죽음

아리우스가 숨진 지 1년 뒤 콘스탄티누스 황제도 사망했다. 그의 죽음에 대해서는 병사病死라는 주장과 독살이라는 주장이 엇갈린다. 황제는 337년 5월 22일[103] 정오에 숨을 거두었다. 32년에 조금 못미치는 긴 치세였다. 파란만장하다는 표현이 꼭 어울리는 예순둘의 삶이었다. 절반을 황제의 자리에서 보냈지만, 또 그만큼을 전장을 누비며 보냈다. 그는 그해 초에도 소아시아에서 군대를 이동시키며 전투에 대비했다. 페르시아의 젊은 왕 샤푸르 2세가 호시탐탐 영토를 노렸기 때문이다. 12세기의 비잔티움 역사가 조나라스Ioannes Zonaras는 황제가 전장에서 이동하던 중에 소테로폴리스Soteropolis에서 온수를 마셨는데, 그 온수에 이복형제들이 혼합한 독이 들어 있었다고 전한다.[104]

사막으로 간 대주교

에우세비우스에 따르면 황제는 부활절을 지나면서 건강이 크게 나빠졌다. 그는 어머니의 도시인 헬레노폴리스로 가서 온천욕을 했다. 이때 처음으로 성당 바닥에 무릎을 꿇고 안수 기도를 받았다. 돌아가는 길에 니코메디아에 이르렀을 때 그는 죽음을 예감했다. 그는 현지 주교를 불러 이렇게 말했다.

마침내 기다리던 시간이 왔소. 나는 하느님의 구원을 얻으려는 소망과 기도로 이 순간을 기다려 왔소. 이제 영생을 약속하는 봉인을 받을 축복의 시간, 구원의 봉인을 받을 시간이 되었소. 나는 우리 구세주께서 세례를 받았던 요르단 강물에서 이 세례를 받고 싶었소. 그러나 무엇이 최선인지를 잘 아시는 하느님께서는 지금 여기서 받는 것을 기뻐하실 것이오. 그러니 지체하지 말고 베풀어 주시오. 내 생명이 연장될 것인지는 삶과 죽음을 주관하시는 그분의 뜻에 달려 있을 뿐…. 이제부터 나는 하느님 나라의 백성으로서, 그분의 뜻에 합당한 방식으로 살아갈 것이오.[105]

니코메디아의 에우세비우스가 세례를 집전했다. 황제는 눈부시게 빛나는 흰색 예복을 입고 순백의 침상에 누워 이제 다시는 자주색 황제복을 입지 않겠다고 말했다. 황제는 죽은 뒤에야 콘스탄티노플로 돌아갈 수 있었다. 그의 시신은 황금으로 된 관에 넣어져 황제를 상징하는 자주색 천으로 덮인 채 운반되었다. 황궁 한가운데 마련된 높은 제단 위에 황제의 관이 놓였다. 황금 촛대 위의 촛불들이 관을 둘러싸고 너울너울 춤을 추었다. 에우세비우스는 "세상이 시작된 이래 하늘 아래 그 누구도 보지 못한 황홀한 광경"이었다고 말한다.

이로써 로마제국 역사에서 최초로 세례 받은 황제 콘스탄티누스의 시대가 저물었다. 그는 카타콤베에 숨어 있던 그리스도교를 광장의 햇빛 속으로 이끌어냈다. 에우세비우스는 황제 사후 1년 만에 《콘스탄티누스의 생애》를 저술해 헌정했다. 이 작품은 당대를 증언하는 매우 중요한 사료지만 황제에게 바치는 일종의 용비어천가龍飛御天歌에 가깝다. 그는 이 작품에서 온갖 유창한 말솜씨로 '참으로 복되신 황제'를 거리낌 없이 찬양한다. 에우세비우스는 이미 황제가 살아있을 때 황제의 소망과 허락에 따라 이 저술을 기획했고, 황제와의 대면을 통해 자료를 수집했다.

콘스탄티누스가 세례를 받은 이유와 그 진정성에 대해서는 많은 논란이 따른다. 에우세비우스에 따르면 콘스탄티누스는 312년 밀비우스 전투를 앞두고 그리스도의 계시를 받은 것을 계기로 그리스도교를 받아들였다. 다만 세례라는 의례적 절차만 뒤로 미루었을 뿐이다. 반면에 그의 세례를 지배와 통치를 위한 정치적 의도와 연결 짓는 시각도 있다. 제국을 통일하고 효율적으로 다스리기 위한 수단으로서 그리스도교를 활용했다는 것이다.

이런 시각은 물론 타당성이 있지만 그렇다면 왜 그가 죽음을 앞두고 통치가 거의 끝나가는 시점에 굳이 세례를 받았는지를 설명하지 못한다. 차라리 마음속으로 그리스도교를 받아들이고도 세례를 미룬 배경에 정치적 의도가 있다고 보는 것이 더 합리적일 것이다. 이를테

사막으로 간 대주교

면 온 백성의 보호자인 황제로서 종교의 자유를 보장하는 데 더 가치를 두었을 수 있다. 황제가 특정 종교를 표방하면 전통적인 신을 숭배하는 백성들은 불안하다. 실제로 그는 그리스도교에 마음을 둔 이후에도 이교paganismus 신앙을 보장하려고 애썼다. 그리스도교를 제국의 국교로 선언하고 이교를 탄압한 것은 좀 더 후대의 테오도시우스 Theodosius I(346~395 재위 379~395) 황제였다.

콘스탄티누스의 세례를 친족 살해에 대한 죄책감 때문으로 보는 견해도 있다. 교회사가 소조메누스나 이교사가 조시무스Zosimus는 무수한 친족 살해로 고민하던 콘스탄티누스가 자신의 죄를 정화할 수 있는 방법을 찾다가 그리스도교 주교의 말을 듣고 세례를 받게 되었다고 전한다.[106]

실제로 그는 제국을 통일하고 독존의 황제가 되는 길에 숱한 친인척의 피를 뿌렸다. 장인인 선제先帝 막시미아누스와 그 아들 막센티우스, 이복동생인 콘스탄티아의 남편 리키니우스가 그와 권력을 다투다 죽음으로 내몰렸다. 또한 맏아들 크리스푸스도 계모인 황후 파우스타와 불륜을 저질렀다는 혐의를 뒤집어쓰고 죽음을 당했다. 파우스타 역시 목욕탕의 뜨거운 욕실에 갇혀 죽었다.

그런가 하면 콘스탄티누스의 세례에 관한 다른 이야기도 있다. 조나라스에 따르면 콘스탄티누스는 나병과 비슷한 불치병에 걸려 온몸에 농포膿疱가 번져나갔다. 처음에 그는 이교 제관들의 말을 듣고 아기들의 피를 가득 채운 욕조에서 목욕하려고 했다. 황제는 신전으로 가는 길에 아기들을 잃게 될 어머니들이 울부짖는 소리를 듣고 자신의 잘못을 뉘우쳤다. 황제는 곧 계획을 취소하고 아기들을 돌려주고 보상까지 해주었다. 그날 밤 황제의 꿈에 사도 베드로와 바오로가 나타나 실베스테르 교황을 만나보라고 말했다. 실베스테르 교황은 황제에게 하느님의 능력과 세례의 치유 효과를 설명하며 세례를 권했고, 황제는 이를 받아들여 질병에서 치유되었다.[107]

이 이야기는 로마 라테라노 대성당의 프레스코화로도 알려져 있지만, 신빙성에는 의문이 따른다. 에우세비우스의 《콘스탄티누스의 생애》에는 이 이야기가 없다. 당시에 이런 이야기를 듣지 못했는지, 알고도 빼버렸는지는 분명하지 않다. 황제의 생애를 미화하는 데 도움이 되지 않는다고 판단해 일부러 배제했을 가능성도 물론 있다. 그러나 대체로 5세기 이후 로마에서 생겨난 전설로 본다.

특히 이 이야기와 관련해 등장하는 '콘스탄티누스 증여문서Donatio Constantini'가 문제가 된다. 이 문서는 콘스탄티누스가 나병이 치유되자 보답으로 세계 교회에 대한 교황의 수위권을 인정하고, 더 나아가 세속적 통치권까지 인정했다는 내용이다. 황제는 실베스테르 교황에게 안티오키아, 콘스탄티노플, 알렉산드리아와 예루살렘에 대한 수위권, 로마와 서방의 여러 주州와 이탈리아 전역에 대한 통치권 그리고 성직자들에 대한 최고 재판권을 부여했다는 것이다.[108]

이 문서는 콘스탄티누스가 살아 있을 때 작성되었다고 하지만 8세기 중엽에 발견되었다. 발견 이후 중세 서유럽 지역의 왕과 황제에 대한 교황의 승인권과 교황령을 뒷받침하는 근거가 되었다. 15세기 들어 이 문서의 진위 논란이 제기될 때까지는 교황권의 반대자들까

사막으로 간 대주교

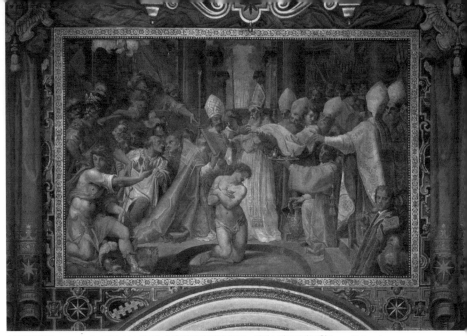

포마란치오Pomarancio **그림, 콘스탄티누스 황제에게 세례를 주는 실베스테르 1세 교황**Pope Sylvester Baptizes Constantine 온 몸에 농포가 번진 콘스탄티누스가 알몸으로 세례를 받고 있는 모습이다._Fresco, San Giovanni in Laterano, Rome

지도 반박하기 어려운 권위를 지녔다.

　1440년 이탈리아 인문학자인 로렌초 발라Lorenzo Valla는 철저한 문헌비평학적 연구로 이 문서의 위조 사실을 입증했다. 예를 들면 이 문서에 사용된 성경 구절은 '불가타Vulgata'로 불리는 라틴어 성경인데, 이 성경의 번역자인 히에로니무스S. Hieronymus(347/48~419/20)는 콘스탄티누스 황제 때 아직 태어나지도 않았다는 것이다. 오늘날 가톨릭 교회는 이 문서가 위작임을 인정한다. 한국가톨릭대사전은 "교회의, 특히 로마 교구의 권력을 강화하기 위해 8~9세기경 프랑크 왕국에서 조작된 문서"라고 밝히고 있다.

황제의 세 아들

콘스탄티누스는 두 번 결혼했다. 첫 부인 미네르비나와의 사이에 맏아들 크리스푸스를 두었다. 그 후 황족과의 정략결혼으로 막시미아누스의 딸인 파우스타와 결혼해 아들 셋을 두었다. 차례로 콘스탄티누스(2세), 콘스탄티우스(2세), 콘스탄스다. 첫째는 아버지의 이름을 물려받았고, 둘째는 할아버지의 이름을 이어받았다. 맏아들 크리스푸스는 악티움 해전에서 큰 공을 세우며 제국 통일에 기여했지만 326년 계모 파우스타와의 불륜 혐의로 처절한 고문을 받고 죽었다. 당시 파우스타가 낳은 세 아들은 각각 열 살, 아홉 살, 여섯 살이었다.

황제가 죽은 것은 그로부터 11년 뒤였다. 황제는 죽기 2년 전부터 이미 제국을 다섯으로 나눠, 친자식 셋과 조카 둘에게 통치와 방위를 맡겼다. 두 조카는 황제의 이복형제 자식들인 달마티우스와 한니발리우스였다. 그러나 막상 황제가 죽자 콘스탄티누스의 세 아들들은 사촌형제 둘을 즉시 제거해 버렸다.

이리하여 제국은 다시 세 황제가 공존하는 체제로 개편되었다. 장남 콘스탄티누스 2세Constantinus II(316~340 재위 337~340)는 제국 서쪽의 브리타니아, 갈리아, 히스파니아를 맡았다. 차남인 콘스탄티우스 2세는 트라키아와 소아시아, 시리아, 이집트를 차지했다. 셋째인 콘스탄스 Constans(320~350 재위 337~350)는 이탈리아와 판노니아, 마케도니아, 북아프리카를 맡았다.

이 시기 이후 아리우스 논쟁의 향배는 동방을 지배하는 황제의 종

사막으로 간 대주교

교적·종파적 성향에 따라 크게 흔들렸다. 그것은 정치를 끌어들인 종교가 겪어야 할 불가피한 숙명이었다. 교리 논쟁을 교회 안에서 해결하지 못하고, 세속 권력의 힘을 빌린 데 따른 어쩔 수 없는 업보였다. 따지고 보면 콘스탄티누스 대제가 밀라노 칙령을 통해 그리스도교를 공인하는 데 그치지 않고, 갖가지 특혜 조치로 그리스도교를 우대할 때부터 예고되었다. 콘스탄티누스는 성직자들의 세금과 공무를 면제해주고, 주교들에게 사법권까지 부여하는 파격적인 특혜를 주었다. 그것은 그리스도교의 성직자 계급을 질적·양적으로 크게 확충시켰고, 교세의 비약적인 성장을 가져왔다. 그러나 한편으로는 교회 조직을 세속 권력 속으로 급속히 끌어들였고, 정치와 종교가 서로의 영역을 구분하지 못한 채 뒤섞이는 결과를 가져왔다. 종교는 정치에 손을 내밀었고, 정치는 종교를 통치기반으로 활용했다. 황제는 수시로 교회회의를 소집하고, 당연한 듯이 성직 승인권을 휘둘렀다.

콘스탄티누스 사후 제국을 분할 지배한 세 황제의 종교적 성향을 보면 갈리아 쪽에 있는 장남 콘스탄티누스 2세는 정통파를 지지했다. 그가 지배한 영역에서는 교리 논쟁이나 그로 인한 분열이 거의 없었으므로 별로 문제될 게 없었다. 이탈리아를 중심으로 제국 중부를 지배한 셋째 콘스탄스도 아타나시우스파를 강력히 지지했다. 그러나 논쟁의 중심지인 제국 동방을 지배하게 된 콘스탄티우스 2세는 아리우스파에 우호적이었다.

짧은 복귀 긴 추방

대제의 죽음으로 순식간에 정세가 바뀌었다. 트리어에서 유배생활을 하던 아타나시우스에게는 사면령이 날아들었다. 그 지역을 지배하는 장남 콘스탄티누스 2세는 아타나시우스를 접견하고, 결백과 용기를 치하했다. 그는 아타나시우스에게 고향으로 돌아가도 좋다고 했지만, 이 결정은 동방을 관장하는 콘스탄티우스 2세의 승인이 필요했다.

세 황제는 그해 여름, 오늘날 세르비아 땅인 비미나키움Viminacium의 성城에서 만났다. 여기서 영토 분할에 합의하고, 삼위일체 논쟁으로 유배된 사람들을 풀어 주기로 의견을 모았다. 이때 콘스탄티누스 2세가 아타나시우스를 불러 다른 두 황제에게 소개한 것으로 보인다. 아타나시우스는 콘스탄티우스와의 첫 만남을 '비미나키움에서'라고 말한다.[109]

아타나시우스는 337년 11월 23일에 알렉산드리아로 다시 돌아왔다. 그때 이미 아리우스는 죽고 없었다. 아타나시우스는 지지자들의 열렬한 환영 속에 대주교좌에 복귀했다. 그러나 이 불행한 도시에 평화가 깃들기에는 아직 양측 감정의 골이 깊었다. 환호는 짧았고 곧 반목이 찾아왔다.

그의 반대파들은 아타나시우스의 복귀 자체를 인정하지 않았다. 그의 추방을 결정한 티루스 교회회의의 판결을 뒤집는 새로운 교회회의가 열린 적이 없으므로 복귀 자체가 불법이라는 주장이었다. 여기에 티루스 교회회의 때 제기됐던 온갖 혐의들을 다시 들춰냈다. 공급

횡령이라는 새로운 혐의도 추가했다. 과부들을 위한 구호 기금을 무단으로 유용했다는 것이다. 이 시기 아리우스파의 공격은 니코메디아의 에우세비우스가 주도했다. 그는 콘스탄티우스 2세의 신뢰를 확보하고 있었고, 콘스탄티노플의 대주교로 옮기기 직전이었다.

338년 알렉산드리아에는 두 주교가 대립했다. 아리우스파는 피스투스Pistus를 대립주교로 내세우며 아타나시우스 축출을 기도했다. 그들은 로마 교황 율리우스 1세S. Iulius I(재임 337~352)의 지지를 얻기 위해 사절단을 로마로 파견했다. 이에 맞서 아타나시우스는 대규모 교회회의로 자신의 정통성과 지지세를 과시했다. 338년 겨울에 알렉산드리아에서 열린 교회회의에는 이집트 전역에서 주교들이 거의 100명이나 모였다. 이 회의는 아타나시우스를 파면한 티루스 교회회의의 판결을 무효로 선언했다.[110] 주교들은 이 결정을 로마 교황에게 알리기 위해 사제 두 명을 로마로 급파했다. 교황의 영향력과 지위를 보여주는 대목이다.

아타나시우스는 이 무렵 카파도키아Cappadocia로 가서 콘스탄티우스 2세와 직접 면담했지만 별다른 성과를 얻지는 못했다. 콘스탄티우스 2세는 339년 1월에 안티오키아에서 교회회의를 소집했다. 이 회의는 대립하는 두 주교를 모두 물러나게 하고, 대신 카파도키아 출신 그레고리우스Gregorius(†345)를 새 주교로 세웠다. 그레고리우스는 알렉산드리아 교회를 접수할 능력이 없었다. 콘스탄티우스 2세는 이집트 총독 필라그리우스Philagrius에게 속주의 정치력과 군사력을 동원해 새 대주교를 지원하라고 명령했다.

다가오는 박해를 예감한 것일까? 아타나시우스는 그해 부활 서신에서 담담하면서도 결연한 각오를 피력했다.

> 그러니 성인들과 함께 기쁨에 찬 소리로 주님을 찬미합시다. 어느 누구도 이 의무를 소홀히 하지 않도록 합시다. 에우세비우스 일당이 우리에게 가하는 고통과 시련은 무시해 버립시다. 그들이 우리를 해치려 해도, 거짓된 고소로 우리의 목숨을 노린다 해도, 우리의 굳건한 믿음으로 인해 주님께서 우리를 구원하실 것입니다. 하느님의 충실한 종으로서, 고난의 순간에 그분만이 우리의 구원이심을 알아야 합니다. 일찍이 주님께서 약속하셨습니다. "나 때문에 모욕을 당하고 박해를 받으며 터무니없는 말로 갖은 비난을 다 받게 되면 너희는 행복하다. 기뻐하고 즐거워하여라. 너희가 받을 큰 상이 하늘에 마련되어 있다."(마태 5,11-12)[111]

339년 3월 18일은 사순절 기간이었다. 이날 아침 아타나시우스는 테오나스 성당에서 많은 사람들의 세례 예식을 집전했다. 행사를 마쳤을 때 그는 총독의 군대가 자신을 체포하러 온다는 소식을 듣고 즉시 피신했다. 도시 안에 몸을 숨긴 지 나흘이 지났을 때 새로운 대주교 그레고리우스가 병사들의 호위를 받으며 알렉산드리아로 들어섰다. 이로부터 광기와 야만이 한바탕 도시를 휩쓸었다. 병사들은 성당을 불태우고 재물을 약탈하며 마음껏 사악한 탐욕을 즐겼다. 아타나시우스는 한 달 가량 은신하며 이런 모습을 비통한 심정으로 지켜보

사막으로 간 대주교

왔다. 그는 이 기간에 보편 교회의 모든 주교들에게 보낸 회람 편지를 통해 야만의 폭력을 증언했다.

> 뒤따라 일어난 일들은 실로 묘사하기조차 어렵습니다. 상황을 정확하게 표현하는 것은 아예 불가능하고, 그 일부만이라도 눈물과 탄식 없이는 설명할 수 없습니다. 고대의 비극이 이보다 더 했을까요? 박해 시대나 전쟁 때라도 이런 일이 있었을까요? 성당은 불타오르고, 도시 전체는 신음과 비명과 한숨으로 가득 찼습니다. … 순결한 성처녀들은 발가벗겨진 채 형언할 수 없는 능욕을 당했고, 수도자들은 짓밟힌 채 죽어갔습니다. 많은 사람들이 창검에 찔리고 곤봉에 맞아 다치고 울부짖었습니다.[112]

아타나시우스는 은신처에서 부활 축일을 지내고 4월 16일 로마로 출발했다. 그것은 그의 추방과 도피의 역사에서 가장 긴 망명생활의 시작이었다. 그 기간은 7년 넘게 이어졌다.

로마에서

콘스탄티누스 대제가 죽고 세 아들이 카이사르부제에서 아우구스투스 정제로 취임했을 때 그들은 각각 스물한 살, 스무 살, 열일곱 살이었다. 그들은 어린 시절부터 아버지가 저지른 피의 숙청을 익히 보며 자랐다. 음모와 배신과 살육을 대수롭지 않게 여기는 권력 투쟁에 충분히 길들여져 있었다. 어머니의 처절한 죽음도 열 살 이전에 겪었으니 정서적으로도 매우 불안정했을 것이다.

그들은 황제의 장례가 끝나자 곧바로 황궁을 피로 물들인 숙청을 단행했다. 함께 영토를 물려받은 사촌 조카 두 명과 그들에게 우호적인 황족들을 하룻밤 사이에 쓸어버렸다. 여기까지는 세 형제가 의기투합했지만 곧바로 영토 분쟁이 벌어졌다. 숙청을 주도한 둘째 콘스탄티우스와 막내 콘스탄스가 새로 생긴 영토의 대부분을 차지했다. 불만이 생긴 맏아들 콘스탄티누스는 만만한 막냇동생에게 싸움을 걸었다. 그러고는 제대로 된 전투 한 번 해보지 못한 채 콘스탄스의 병사들에게 사로잡혀 살해되었다. 340년, 대제가 죽은 지 겨우 3년밖에 지나지 않은 때였다.

제국은 이제 두 황제 체제로 재편되었다. 콘스탄티누스가 다스리던 브리타니아, 갈리아, 히스파니아 지역은 별다른 이의 없이 콘스탄스의 영토로 합병되었다. 이로써 콘스탄스는 로마제국 영토의 3분의 2를 지배하게 되었다. 그의 군사력은 제국 동방의 콘스탄티우스를 능가했다.

콘스탄스 황제는 정통파 지지자였으므로 자신의 영토로 망명해 온 정통파 주교들에게 지원을 아끼지 않았다. 이 시기에 로마에는 역시 정통파의 강경 인물로 꼽혀 추방된 안키라Ancyra의 마르켈루스Marcellus(280경~374) 주교도 머무르고 있었다. 아타나시우스와 마르켈루스는 서로 만나 친밀감을 나누었을 것이다. 이들의 체류와 활약은 서방 교회가 니케아 신앙을 더욱 확고하게 지지하도록 만들었다.

당시 로마 교황 율리우스 1세 역시 아타나시우스를 따뜻하게 맞아주었다. 341년 초에는 로마에서 교회회의를 열어 아타나시우스 지지를 선언하고 그레고리우스를 찬탈자로 규정했다.

아타나시우스는 로마로 갈 때 몇몇 사제와 수도승 들을 대동했다. 그 수도승들 중 하나인 암모니우스Ammonius는 세속에 무관심한 독특한 행동으로 로마 사람들의 관심을 끌었다. 그는 도시의 화려함 따위에는 눈길조차 주지 않은 채 베드로 성당과 바오로 성당만 찬찬히 살펴보았을 뿐이다. 자신을 주교로 서품하려는 움직임에 대해서는 스스로 한쪽 귀를 잘라버림으로써 단호하게 거절했다.[113] 이런 교류를 계기로 동방의 수도 문화가 서방에 소개되고, 수도 생활에 대한 관심이 높아졌을 것이다.

아타나시우스는 이미 부제 시절에 알렉산더 대주교의 통역사를 했다는 기록*으로 미루어, 라틴어를 어느 정도 구사할 수 있었을 것이다. 콥트어나 그리스어였다면 굳이 통역이 필요치 않았을 것이다. 콥트어는 이집트의 그리스도인들이 많이 쓰던 언어였고, 그리스어는 성경을 읽기 위한 필수 언어였다. 당시 상황에서 통역이 필요한 언어는 아무래도 제국 서방의 공용어인 라틴어였다. 아타나시우스는 로마 체류를 통해 라틴어를 더 능숙하게 익혔을 것이고, 점차 서방 교회의 지도자들과 교회의 중요한 문제를 놓고 토론할 수 있었을 것이다.

---

* 이 책 p.26 주 7) 참조

이때 동·서방 교회의 신학적 일치 문제가 주된 토론의 주제였다고 보아도 무리가 없다. 특히 아타나시우스가 신약 〈히브리서〉의 정경正 經Canon biblicus 자격에 대해 서방 교회 지도자들을 설득했을 것으로 보는 견해도 있다. 〈히브리서〉는 사도 바오로가 직접 쓴 책인지 의심된다는 이유로 정경 자격에 관한 논란이 있었다. 아타나시우스는 〈히브리서〉가 꼭 사도 바오로의 저작이 아니라 하더라도 정경으로 받아들여야 한다는 동방 교회의 입장을 대변했고, 이때부터 서방 교회에서 〈히브리서〉에 관한 심각한 논란이 사라졌다고 본다.[114]

아타나시우스는 망명기간에 로마에만 머무르지는 않았다. 로마에서 3년 동안 체류한 뒤, 밀라노, 트리어, 사르디카Sardica, 아퀼레이아Aquileia에도 행적을 남겼다.

동서 교회의 대립

아타나시우스의 로마 체류는 서방 교회를 우군으로 확보하는 소득을 낳았지만, 크게 보면 동서교회의 대립 구도를 악화시키는 결과를 초래했다. 당시 서방 교회는 전체적으로 니케아 정통 신앙을 확고하게 받아들였다. 그들은 아타나시우스가 정통 신앙을 지키기 위해 핍박받고 있다고 생각했다. 반면에 동방 교회는 에우세비우스파가 대세를 장악하고 있었다.

동방 황제 콘스탄티우스는 338년 말 혹은 339년 초에 니코메디아

사막으로 간 대주교

의 에우세비우스를 수도 콘스탄티노플의 대주교로 임명했다. 밀려난 대주교는 니케아파인 파울루스였다. 이로써 정통파의 입지는 축소되고, 에우세비우스파의 입지는 크게 강화되었다. 에우세비우스는 니케아 공의회 때 한동안 추방되었다가 복귀한 이후 아리우스파를 대변하면서, 정통파 탄압을 주도했다. 수도 콘스탄티노플의 대주교가 되면서부터는 그의 영향력이 급속히 커졌다. 더구나 그 무렵[339년 말 ~340년 초115] 콘스탄티누스 대제의 오랜 친구이자 조언자인 카이사리아의 에우세비우스마저 숨졌다.

341년에는 동·서 교회가 주최하는 두 교회회의가 따로따로 열렸다. 동방 교회가 주최한 안티오키아 교회회의는 새 성당 축성식을 계기로 1월 6일에 열렸다. 90여 명의 에우세비우스파 주교들이 참석했다.[116] 신학적으로는 과격한 아리우스주의와 엄격한 니케아파 사이에서 중용을 취하는 25개조의 법령을 채택했다. 그러나 뜨거운 감자인 '호모우시오스[동일본질]'라는 표현은 애써 회피했다. 이 회의는 또한 2년 전 아타나시우스 면직이 정당하고 유효함을 재확인했다.[117]

같은 해 교황 율리우스 1세는 로마에서 이탈리아 지역 주교 50여 명이 참석한 가운데 회의를 열어 니케아 신앙을 다시 한 번 정통교리로 채택했다. 또 정통 신앙을 고수하다가 로마로 망명한 아타나시우스와 마르켈루스의 복권을 지지했다. 율리우스 1세는 이 회의를 동·서교회가 모두 참석하는 공의회로 소집하려 했지만, 콘스탄티노플의 에우세비우스 대주교가 이를 저지했다. 동방 교회는 교황의 공의회 소집을 월권으로 인식하고, 참석하지 않았다.[118] 동방 교회와 서방 교회는 이처럼 명백히 반대되는 결정을 통해 대립과 갈등을 분명히 드러냈다.

제국을 둘로 나누게 된 두 황제는 정치적 상황이 대략 정리되자 교회의 분열로 눈을 돌렸다. 서방의 콘스탄스 황제는 동·서방 교회의 지도자들을 모두 참석시키는 보편 공의회를 열어 교회의 일치를 이루고자 했다.

343년 7월 동·서방의 경계지역인 사르디카에서 회의가 열렸다. 현재 불가리아의 수도 소피아다. 동방 교회에서 76명, 서방 교회에서 94명 안팎, 모두 170명 안팎의 대표들이 참석했다.[119] 이 숫자는 아타나시우스에게 우호적인 서방 교회가 회의 분위기를 장악했음을 의미한다. 망명 중인 아타나시우스도 회의에 참석했다. 콘스탄티노플의 에우세비우스 대주교는 이때 이미 사망([†]341/42)했으므로 참석하지 못했다.

결론적으로 이 회의는 동·서방 교회의 분열과 불화를 치유하기는 커녕 서로에 대한 불신과 적대감만 증폭시켰다. 동방의 주교들은 아타나시우스와 파울루스가 참석하는 어떤 회의에도 참석하지 않겠다고 선언했다. 회의가 강행되자 그들은 인근 도시인 필리포폴리스 Philippopolis로 철수해 별도의 회의를 열었다. 두 진영은 서로 다른 장소에서 서로 다른 회의 결과를 발표했다. 서로 상대방을 파문했고, 아타나시우스와 마르켈루스의 복직에 대해서도 상반된 결정을 내렸다.[120]

사르디카 회의는 동·서 교회가 서로 분리의 길을 가는 최초의 징후로 볼 수 있다. 콘스탄티누스 대제 치하에서 동·서 교회는 교리

사막으로 간 대주교

논쟁에 입장 차이는 있었지만 뚜렷한 동서 대결 구도를 이루지는 않았다. 로마 교회의 수위권도 대체로 받아들여졌다. 그러나 콘스탄티노플에 새 수도가 건설되고, 황제의 거처가 옮겨지면서 사정이 조금씩 바뀌었다. 동방 교회는 콘스탄티노플의 위세를 배경으로 로마 교회의 수위권을 인정하지 않으려는 태도를 보였다. 교리를 둘러싼 논쟁은 점차 파워 게임 양상으로 바뀌어 갔다. 황제 사후 10여 년이 흐르면서 잉태된 불화와 배척의 기운은 마침내 사르디카 회의를 계기로 터져 나왔다. 가톨릭과 동방 정교회의 분리는 이 회의에서 그 조짐을 보였다.

알렉산드리아로 돌아오다

아타나시우스는 두 번째 추방기간 동안 콘스탄스 황제를 여러 번 알현했다. 이 만남을 통해 콘스탄스의 마음을 휘어잡은 것일까? 황제는 이 겸손하고 훌륭한 대주교를 위해 자신이 무언가 하지 않으면 안 된다고 생각했다. 그는 정통파의 대의명분을 위해 자신의 군대와 재물을 아끼지 않겠다고 선포했다. 동방의 콘스탄티우스에게 서한을 보내 아타나시우스의 복직을 단호하게 요구했다. 만일 이에 동의하지 않으면 군대까지 동원하겠다는 으름장을 곁들였다.[121]

콘스탄티우스는 적절한 해법을 찾지 못한 채 아타나시우스를 받아들이기로 결정했다. 때마침 알렉산드리아의 대주교로 내세웠던 그레고리우스가 345년 6월에 숨진 터였다. 콘스탄티우스는 아타나시우스에게 친서를 보내, 보호와 지원을 약속하며 복귀를 종용했다. 아타나시우스는 이러한 황제의 서한을 세 통 이상 받았다고 서술한다. 믿기 어려운 내용이지만 그대로 인용해 보자.

우리의 너그러운 관용은 그대가 더 이상 거친 파도에 시달리도록 내버려둘 수 없소. 우리의 끝없는 경건함은 그대가 고향을 떠나 야만의 땅을 떠도는 동안 그대를 잊어본 적이 없소. 비록 오랫동안 그대에 관한 내 마음을 편지로 표현하는 것을 미뤄왔지만, 그것은 그대가 스스로 우리 앞에 나타나 구원을 요청할 것으로 기대했기 때문이오. 아직도 두려움 때문에 주저할까봐 우리의 호의로 가득 찬 서한을 보냈소. 그대가 신속하고 두려움 없이 우리 앞에 나타나 바라는 대로 기쁨을 얻고, 원래의 자리에 다시 복직하도록 하려는 것이오.

우리는 이전의 서한에서 그대에게 주저 없이 우리의 황궁으로 오도록 분명히 밝힌 바 있지만, 그것은 우리가 그대를 고향으로 돌려보내기를 강력히 바라기 때문이오. 이제 그대에게 다시 이 편지를 보내 간곡히 권고하노니, 어떤 불신이나 걱정도 버리고, 국영 운송수단을 활용해 신속히 우리에게 오시오. 그대는 기꺼이 원하는 바를 얻을 것이오.

우리가 에데사에 있는 동안 그대의 사제들 중 한 명을 그대에게 보

사막으로 간 대주교

내. 서둘러 황궁으로 오도록 재촉하는 것이 우리의 큰 기쁨이었소. 그대가 우리를 만나고 곧바로 알렉산드리아로 돌아가도록 하려함이 었소. 그러나 그대는 편지를 받은 이후 오랜 기간이 지났는데도 오지 않고 있소. 다시 한 번 재촉하오. 지금이라도 속히 와서 고국으로 복귀하고, 그동안 기도했던 바를 이루시오. 이 조치에 대한 정보를 충분히 제공하기 위해 부제 한 명을 보내는 바이오. 그를 통해 우리의 진정한 의도를 알게 되고, 그대의 기도 지향이 확실히 보장됨을 확인할 수 있을 것이오.[122]

대주교라고는 하지만 한낱 백성에 불과한 존재에게 황제가 이처럼 자존심을 꺾었을까 싶다. 아타나시우스의 펜 끝에서 다듬어졌을 수도 있다. 이 서한은 344년에서 346년 사이에 보내졌다. 그 기간에 아타나시우스는 아드리아 해 연안의 항구도시 아퀼레이아에 머무르고 있었다. 그는 이런 서한을 잇달아 받고도 급할 것이 없다는 듯 한동안 머뭇거리다가 마침내 귀국길에 오른다. 여러 지방을 거치는 긴 여행이었다. 먼저 로마로 가서 그동안 물심양면으로 지원해준 로마 교회 지도자들과 감사의 인사를 나눴다. 그러고는 다시 트리어로 가서 콘스탄스 황제에게 귀국 인사를 했다. 그렇게 빙빙 둘러 지나는 길마다 그 지역 주교들이 인사를 해왔다고 한다. 그를 환영하기 위해 교회회의를 소집한 주교도 있었다. 콘스탄티우스 황제와 만난 것은 346년 9월쯤 안티오키아에서였다.[123] 두 사람의 대화는 누가 황제이고 누가 대주교인지 헷갈릴 정도다.

(황제) "사르디카 교회회의의 결정에 따라, 그리고 나의 동의로 그대는 알렉산드리아의 대주교직에 복직되었소. 다만 아직도 그대를 수용하기를 거부하는 알렉산드리아의 일부 신자들을 위해 시내에 그들의 성당을 단 하나만 허용해 주었으면 하오."
(대주교) "황제 폐하께옵서는 무엇이든 명령하고 실행할 힘을 갖고 계십니다. 그러므로 저 또한 폐하께 한 가지만 간청 드리고자 합니다. 다른 모든 도시에도 아리우스파에 속하기를 원치 않는 신자들을 위해 하나의 성당이 허용되었으면 합니다."[124]

이 대화는 마치 승전국과 패전국 사이의 정전협상을 연상시킨다. 결국 알렉산드리아의 아리우스파 성당은 허용되지 않았다. 이런 대화가 사실이라면 아타나시우스에 대한 황제의 반감은 차곡차곡 쌓여 갔을 것이다. 그래도 황제는 아타나시우스를 위해 두 통의 서한을 써 주었다. 주교와 성직자, 일반 신자들에게는 아타나시우스를 기쁘게 맞이할 것을 당부했고, 또 다른 서한에서는 아타나시우스에 대한 이전의 모든 판결은 폐지되어야 한다고 명령했다.

아타나시우스는 마침내 알렉산드리아로 돌아와 대주교직에 복귀했다. 그의 알렉산드리아 입성은 전승한 장수의 개선 행진 같았다. 이때가 346년 10월 21일이니 추방된 지 7년만의 일이다.

사막으로 간 대주교

평화가 넘치는 교회

돌아와 처음 맞는 347년 부활절, 아타나시우스는 신자들과 함께 맞는 축제의 기쁨을 노래하고 하느님께 찬미를 바친다.

'우리 주 예수 그리스도의 아버지 하느님께 찬양을 드립니다.' (에페 1,3) 사도의 이런 인사가 지금 주님께 감사를 드리려는 우리에게 특별히 잘 어울립니다. 그분께서는 멀리 있던 우리를 불러오시고, 여러분에게 공개적으로 축일 서신을 보낼 수 있도록 보장해 주셨습니다. … 그러므로 형제자매 여러분, 하늘에서의 영원한 기쁨을 기다리며 축일을 준비합시다. 항상 기뻐하고, 끊임없이 기도하고, 모든 것을 주님께 감사드립시다. 그분이 이루신 놀라운 일들과 지금 우리에게 보장된 갖가지 도움을 기억하며 나는 주님께 감사드립니다. 그분은 우리를 아프게 단련하셨지만, 결코 죽음에 넘기지는 않으셨으며, 오히려 지구 끝에서라도 우리를 불러서 다시 여러분과 하나가 되게 해 주셨습니다.[125]

이로부터 10년 동안을 아타나시우스 생애에서 황금기로 볼 수 있다. 그것은 또한 반목과 갈등으로 바람 잘 날 없던 불행한 알렉산드리아 교회의 황금기이기도 하다. 아타나시우스는 이 시기에 갈가리 찢긴 신자들의 마음을 치유하고, 형제적 사랑과 나눔의 정신을 회복하기 위해 혼신의 힘을 쏟았다. 특히 요즘 말로 하면 사회복지 분야의 사목에 큰 비중을 둔 것으로 보인다. 굶주리고 헐벗은 수많은 과부와 고아 들에게는 온정의 손길이 넘쳐났다. 공동체에는 모처럼 따뜻한 사랑과 평화의 기운이 감돌았다.

또한 이 시기에 알렉산드리아 교구에는 자발적인 금욕과 고행의 수도 문화가 크게 확산되었다. 아타나시우스의 서술을 그대로 옮겨 보자.

> 사람들은 기쁨에 겨워서 모임이 있을 때마다 서로 미덕을 권장하고 격려했다. 얼마나 많은 처녀들이 그리스도에 대한 사랑 때문에 독신의 길을 택했던가? 얼마나 많은 청년들이 수도 생활의 매력에 흠뻑 빠져들었던가? 그리스도 안에서 금욕과 고행을 따르기 위해 부모가 자식을 설득하거나, 자식이 부모를 설득하는 일은 또 얼마나 많았던가? 사도의 가르침대로 "기도에 전념하기 위하여"(1고린 7,5) 서로 절제하기를 원하는 부부는 또 얼마나 많았던가? … 그들의 경쟁적인 덕행과 기도로 인해 마치 집집마다 가정마다 성당을 옮겨놓은 것 같았다. [126]

아타나시우스는 이 시기에 이집트와 리비아 교회의 새 주교를 임명할 필요가 있을 때 자주 수도승을 기용했다.[127] 그들은 정통 신앙에 대한 믿음이 확고했고, 하느님 교회의 충직한 종으로서 누구보다 헌신적이었다.

아타나시우스의 주요 저서 가운데 하나인 《아리우스파 반박 변론

사막으로 간 대주교

Apologia contra Arianos》은 이 시기에 저술되었다. 351년쯤으로 본다. 이 책은 아리우스파의 공세를 반박함과 더불어, 그때까지 수없이 열린 교회회의의 결정과 주요 인물들의 편지 등을 많이 포함하고 있어서, 4세기 전반前半의 교회사를 살피는 데 핵심적인 사료가 된다.

이 꿈결 같은 안정과 평화는 황궁의 권력이 바뀌면서 균열의 조짐을 맞는다. 아타나시우스의 강력한 후원자인 콘스탄스 황제는 영토 방위는 그럭저럭 해냈지만 용인술과 내치內治는 엉망이었던 모양이다. 휘하 장수 중에 야만족 출신인 마그넨티우스Magnentius(재위350~353)가 모반을 도모하자 대부분의 장수들이 동조했다. 350년 프랑스 리옹 근처의 막영지에서 장수들이 모반 계획을 확정한 바로 그 시각에야 황제는 한 소년 노예의 보고를 받고 사정을 알았다고 한다. 그는 곧바로 달아나 피레네 산맥 기슭까지 도망쳤지만, 뒤따라 온 기병대에 사로잡혀 처참하게 살해되었다. 허망한 죽음이었다.

동방의 콘스탄티우스는 동생의 죽음을 당장 응징할 수 없었다. 동쪽 페르시아 왕국의 위협 때문에 군사를 빼기가 어려웠다. 콘스탄티우스는 페르시아의 샤푸르 2세와 휴전 협정을 맺은 뒤 353년 8월에야 최종적으로 마그넨티우스를 축출하고 제국을 하나로 통일했다. 승패의 갈림길이 된 전투는 351년 9월 오늘날 크로아티아의 오시예크인 무르사Mursa에서 벌어졌다. 무르사의 전투는 양쪽 전사자가 5만 4000명에 이른 대혈전이었다.[128] 이 결정적인 전투가 벌어졌을 때 콘스탄티우스는 전투에 나가지 않고 도시 외곽의 한 성당에서 근심에 싸인 채 승전보를 기다리고 있었다. 이때 아리우스파의 주교가 교묘한 술수로 황제의 마음을 사로잡았다. 4세기 말에 활동한 한 전기 작가Sulpitius Severus의 기록이다.

> 황제가 성당에 머무는 동안 그 지역 주교 발렌스는 전투의 결과를 누구보다 빨리 입수할 수 있도록 빈틈없는 대책을 세워놓고 황제의 곁을 지키며 그를 위로했다. 그는 승리의 소식을 가장 먼저 보고해 황제의 환심을 사거나, 불행한 소식이 들어오면 황제를 탈출시킬 작정이었다. 주위 신하들은 겁에 질려 있고, 황제는 근심에 싸여 기도하고 있을 때 발렌스는 마침내 황제에게 승리를 알렸다. 황제가 소식을 가져온 전령을 데려오라고 하자 발렌스는 천사의 계시로 알게 되었노라고 말했다. 감격에 찬 황제는 모든 승리의 공로를 병사들의 용기가 아니라 발렌스 주교의 기도 덕분으로 돌렸다.[129]

반면 아타나시우스는 내전 과정에서 황제의 노여움을 샀다. 양쪽모두 아타나시우스의 지지가 필요한 상황에서 그는 마그넨티우스의 사절들을 접견했다. 이 일은 아타나시우스가 마그넨티우스와 비밀서신을 주고받았다는 소문으로 번졌다. 물론 아타나시우스는 이를 강력히 부인한다. 그는 일면식도 없는 마그넨티우스와 어떻게 편지를 주고받을 수 있겠느냐며 펄쩍 뛴다. 모든 것은 아리우스파의 날조이며, 자신의 서명은 위조되었을 뿐이라고 장황하게 해명한다.[130] 해명의 진위는 알 수 없지만, 어쨌든 그가 콘스탄티우스의 승리를 기원했다고 보기는 어렵다. 황제는 이제 오래 참아온 원한을 풀겠다고 벼

르고 있었다.

주교들을 매수하라

콘스탄스의 죽음은 아타나시우스에게 강력한 보호자가 사라졌음을
의미한다. 콘스탄티우스는 이제 동·서방 교회에 모두 영향력을 행
사할 수 있는 1인 황제가 되었다. 그것은 아타나시우스가 알렉산드리
아의 대주교직을 계속 지키기 어려울 것임을 예고한다. 황제는 오만
불손한 아타나시우스를 제거하려 했고, 차제에 자신의 통치 기반인
동방 교회 중심으로 그리스도교를 재편하려 했다. 동방 교회의 주류
는 아리우스파였다. 가장 큰 걸림돌은 목숨을 걸고 아리우스파를 배
격하는 아타나시우스였다.

그러나 민중의 추앙을 받는 인물을 제거하는 것은 황제로서도 쉽지
않은 일이었다. 아직은 폭군 소리를 듣고 싶지 않았던 황제는 아타나
시우스를 제거하기 위해 교회회의라는 편리한 도구를 활용했다. 이
미 마그넨티우스를 물리치기 전인 351년에 판노니아의 중심 도시 시
르미움Sirmium에서 황제가 참석한 가운데 회의가 열렸다. 오늘날 세르
비아 공화국의 소도시 스렘스카Sremska Mitrovica다. 이 회의는 아리우
스파인 카파도키아의 게오르기우스Georgius(†361)를 알렉산드리아의 대
주교로 인정했다. 게오르기우스는 이미 2년 전 안티오키아에서 동방
교회 지도자들에 의해 알렉산드리아의 대립주교로 추대되었다. 콘스

탄티우스는 당시 서방 황제 콘스탄스와의 관계를 고려해 게오르기우스를 인정하지 않다가, 1인 황제가 되자 다시 인정한 것이다. 이로써 알렉산드리아에는 아타나시우스와 게오르기우스, 두 사람이 대주교좌를 놓고 다투는 상황이 전개되었다.[131]

그즈음 아타나시우스가 콘스탄티우스 황제의 자존심을 결정적으로 건드린 사건이 일어났다. 황제의 지시로 지어진 한 성당을 승인도 받지 않고 점령하다시피 사용한 것이다. 카이사리움Caesareum으로 명명된 이 성당은 황제가 건축 비용을 부담하고 게오르기우스가 공사 진행을 지휘했다. 다시 말하면 아리우스파를 위해 건축된 성당이었다. 아타나시우스는 이 성당이 미처 완공되기도 전에 그곳에서 미사를 봉헌했다. 355년 부활 대축일이었다. 그것은 황제의 의도에 대한 명백한 도전이 분명했다. 그는 이렇게 말한다. "폐하의 승인을 받기 전에 그렇게 한 것은 위법이겠죠."[132] 즉 위법인줄 알면서도 그렇게 했다는 것이다.

아타나시우스는 《콘스탄티우스 황제에게 바치는 변론Apologia ad Constantium imperatorem》에서 이를 해명하고 있다. 이 작품은 자신에게 씌워진 여러 혐의에 대한 해명을 담고 있는데, 356~7년에 쓴 것으로 보인다. 그때는 아타나시우스가 세 번째 도피에 나선 다음이고, 아직 콘스탄티우스 황제가 죽기 전이다. 아타나시우스는 부활절 미사에 엄청난 인파가 몰려들어 어쩔 수 없었다고 말한다. 바로 전 사순절 기간에도 좁은 성당에서 수많은 어린이와 할머니, 몇몇 젊은이들까지 떠밀려 짓밟히는 사고가 있었기 때문에 그대로 둘 경우 훨씬 큰

사고가 우려됐다는 것이다.[133]

이 해명이 사실이라고 해도 아타나시우스는 또 한번 자신이 얼마나 큰 민중의 지지를 받고 있는지 과시한 것이 된다. 그는 미리 대형 집회를 통해 자신의 지지 세력을 과시함으로써 황제의 계획을 좌절시키려 했을 것이다. 그로서는 새로 지은 번듯한 성당이 아리우스파의 본거지가 되는 것을 결단코 참을 수 없었을 것이다.

콘스탄티우스는 아타나시우스 축출을 밀어붙이기 위해 353년에 프랑스 남부 아를Arles, 당시 지명은 Arelate에서, 355년에는 이탈리아 밀라노Milano, 당시 지명은 Mediolanum에서 잇따라 교회회의를 소집했다. 이 회의들은 교리나 교회 정책, 신학 발전의 측면에서 아무런 주목을 끌지 못한다. 오로지 아타나시우스 처리 문제만 다뤘기 때문이다. 아타나시우스는 335년 티루스 교회회의에서 파면된 이후 346년 알렉산드리아로 돌아왔지만 법적인 지위는 애매한 상태였다. 실질적으로 대주교직에 복귀한 듯 했지만, 적어도 교회회의를 통해 공식적으로 복권된 것으로 보기는 어려웠다. 341년 로마 회의는 반쪽짜리 회의였고, 343년 사르디카 회의는 두 쪽으로 갈라져 서로 다른 결정을 내렸을 뿐이다. 따라서 복귀 이후 아타나시우스의 대주교 직무 수행은 모두 불법으로 간주될 수 있었다.

이 문제는 아를과 밀라노 교회회의에서 진지하게 논의되었다. 밀라노 회의에는 동·서방 교회에서 300여 명의 주교들이 참석했다. 황제는 아타나시우스 축출이라는 목표를 달성하기 위해 사용할 수 있는 모든 수단을 동원했다. 회유와 협박, 매수와 보복, 음모와 공작으로 점철된 더러운 회의였다. 황제의 뜻대로 투표해준 주교들에게는 온갖 명예와 선물, 특전을 제공했다. 순수하고 자존심 강한 주교들은 분개하여 이에 맞섰지만 그 수는 점차 줄어들었다.

정통 신앙을 향한 강직한 신념으로 '서방의 아타나시우스'로 불렸던 푸아티에Poitiers의 힐라리우스S. Hilarius(315경~367/68)는 이렇게 증언한다. "우리는 그리스도의 적敵인 콘스탄티우스에게 맞서 싸우고 있다. 그는 등에 채찍을 내리는 게 아니라 배를 쓰다듬어준다."[134] 정통 신앙을 고수하려는 주교들은 황제의 분노를 두려워하면서도 아타나시우스의 유죄 판결에 동의하지 않았다. 그들은 황제가 칙령으로 아타나시우스의 복귀를 명한 바 있으며, 반대파들이 이에 침묵을 지킴으로써, 티루스 회의의 판결은 이미 효력을 상실했다고 변호했다.

그러나 진리와 정의를 수호하려는 목소리는 고귀하기는 해도 소수였다. 회의는 돈으로 매수당한 다수파의 뜻대로 흘러갔다. 기어이 아타나시우스의 탄핵과 파면을 의결한 뒤에야 회의는 해산되었다. 반대한 주교들은 물론, 회의에 참석하지 않은 주교들에게도 서명을 강요했다. 끝까지 서명을 거부한 주교들은 즉각 추방되었다. 그들은 제국의 변방 가장 황폐한 지역으로 분산 유배되었다.

불의는 인간의 영혼을 오염시키기도 하지만, 때로는 세상이 미처 알아보지 못한 강직하고 고귀한 영혼을 드높이기도 한다. 온갖 협박과 회유를 물리치고 추방과 유배의 길을 자청한 주교들의 이름은 황제의 탄압 속에 오히려 빛을 발한다. 로마의 리베리우스S. Liberius(재임 352~366), 코르도바의 호시우스, 트리어의 파울리누스, 밀라노의 디오

니시우스Dionysius, 베르첼리의 에우세비우스S. Eusebius, 칼리아리의 루키페르Lucifer 등이 그들이다.[135]

특히 황제는 로마의 리베리우스를 집요하게 탄압했다. 로마의 대주교는 사도 베드로의 후계자로서 로마 교회는 물론 그리스도교 전체를 대표하는 상징성을 갖고 있다. 당시에는 아직 교황Papa으로 불리지는 않았지만 가톨릭 역사에서 제36대 교황으로 기록되는 인물이다. 그는 결국 황제의 면전에 끌려갔고, 거기서도 강력한 자유의지로 그리스도교에 대한 박해 중단을 요구했다 "우리는 아리우스파 미치광이로 불리기보다는 차라리 어떤 고통이라도 감수할 준비가 돼 있습니다"[136] 그는 결국 트라키아Thracia로 추방당했다.

콘스탄티누스 대제의 고문이자 니케아 공의회의 교부로서 존경받던 덕망 높은 호시우스 역시 집요한 회유의 대상이었다. 많은 성직자들이 그가 복종할지 저항할지를 지켜보며 결정을 망설이고 있었기 때문이다. 이미 백 살에 가까운 그는 황제에게 보낸 편지에서 이렇게 말한다.

"저는 폐하의 외할아버지인 막시미아누스 황제의 박해 때에도 신앙을 고백했습니다. 만일 저를 박해하시겠다면 저는 또 한번 준비가 돼 있습니다. 진리를 배반하기보다는 그 어떤 고통이라도 감내할 것입니다."[137]

이 '아브라함 같은 노인'은 결국 자청한 대로 잔인한 폭력 아래 온갖 수모와 굴욕을 당했다.

폭력으로 말하다

모든 준비를 마친 황제는 마침내 아타나시우스에게 추방을 선고하고 실행을 명했다. 이집트 관리들이 충돌을 우려해 머뭇거리자, 군 병력이 동원되었다. 356년 2월 8일, 그 잊지 못할 밤에 아타나시우스는 알렉산드리아의 성 테오나스 성당에서 신자들과 함께 심야 기도를 드리고 있었다. 아타나시우스는 이렇게 썼다.

밤이 이슥한 시간이었다. 신자들은 다음날 아침의 성찬식을 기다리며 밤을 새우고 있었다. 그때 시리아누스 장군이 창검으로 무장한 병사 5000여 명을 거느리고 들이닥쳤다. 그들은 한 사람도 달아나지 못하도록 성당을 에워쌌다. 나는 그 와중에 신자들을 버리고 도망치는 것은 있을 수 없다고 생각했다. 나는 주교좌에 앉은 채 부제로 하여금 시편을 낭송하도록 했다. 부제가 한 구절 읽을 때마다 신자들이 일제히 응송으로 합창했다 "그의 사랑 영원하시다" 곧 이어 나는 신자들에게 귀가를 종용했다. 바로 그때 시리아누스와 병사들이 성당 문을 부수고 들어와 우리를 체포하려고 신성한 제대 주변으로 몰려들었다. 성직자와 신자들이 다급하게 '어서 피하라'고 외쳤다. 나는 그들 모두가 안전하게 떠날 때까지는 결코 먼저 도피하지 않겠다고 말했다. 나는 간절한 기도로 그들에게 먼저 떠나라고 타일렀다. "여러분 중에 누구 하나라도 다치는 것보다는 차라리 내가 위험에 처하는 것이 낫겠습니다." 그들 대부분이 떠났을 때 함께 있던 수도자와

사막으로 간 대주교

몇몇 성직자들이 우리를 밖으로 이끌어냈다. 병사들이 제대로 몰려들고 성당 밖을 에워싸고 있었지만 신의 보호 속에 우리는 그곳을 벗어 날 수 있었다.[138]

대주교좌를 둘러싼 다툼은 알렉산드리아만의 일은 아니었다. 콘스탄티노플과 로마에서도 폭력을 동반한 충돌이 벌어졌다. 콘스탄티노플은 황제의 정책을 충실히 반영해야 하는 제국의 수도였기에 아리우스파의 세력이 거셌다. 341년 에우세비우스가 죽자 그 자리를 차지하기 위한 피비린내 나는 쟁투가 벌어졌다. 쫓겨났던 정통파 주교 파울루스가 재빨리 돌아와 지지자들의 환영 속에 복귀를 선언했다. 반대파에서는 마케도니우스Macedonius(†364이전)*를 내세우며 반격에 나섰다. 20년 동안 콘스탄티노플의 대주교좌는 이 둘 사이에서 오락가락했다.

콘스탄티우스는 콘스탄스가 죽은 뒤 마그넨티우스와 대적하면서 콘스탄티노플에서 정통파 축출에 나섰다. 그는 군대를 동원해 마케도니우스를 지원했다. 파울루스의 지지자들은 이에 소란과 폭동으로 맞섰다. 그들은 파울루스 추방 명령을 집행하러 온 기병대장의 관저를 불태우고, 그를 묶어 시내를 질질 끌고 다니다 숨지게 만들었다.[139] 황제는 다시 근위대장을 파견했다. 이 과정에서 두 진영의 충돌로 희

---

* 마케도니우스는 성령의 신성을 부인함으로써 정통 신앙과 대립한 인물로 알려져 있다. 성령의 신성을 부정한 이 유파를 신학사에서는 Pneumatomachi라 부른다. 우리말로는 '성령피조설파' '성령적대론파' '성령훼손파' '성령이단론파' 등으로 번역한다. 그러나 샤츠Klaus Schatz는 마케도니우스가 이 유파와는 아무런 관련이 없다는 견해를 제시한다. (Schatz, *ibid.*, p. 53)

생자가 속출했다. 목숨을 잃은 사람이 3000명이 넘었다고 한다.[140]

소크라테스가 제시하는 이 숫자가 좀 과장되었다한들 어떠랴. 시대의 폭력을 증언하기에는 부족함이 없다. 파울루스의 최후 역시 처참했다. 아타나시우스는 그가 병사했다는 소문을 일축하면서 확신을 갖고 살해되었다고 주장한다. 아타나시우스에 따르면 파울루스는 지금의 터키 땅인 카파도키아의 한 동굴로 끌려가 엿새 동안 먹지도 못하고 감금되었다가 끝내 교살당했다.[141] 이때는 그의 재임 연도로 추정하면 352년 혹은 그 직후가 된다.

폭력은 로마로도 번졌다. 355년 리베리우스가 쫓겨난 로마에는 펠릭스 2세가 새 대주교로 임명되었다. 로마는 정통 신앙의 전통이 확고해서 펠릭스 2세가 환영받지 못했다. 그는 교회 역사에서 정식 교황으로 인정받지 못하는 대립교황이다. 정통파들은 새 대주교를 거부하기로 결의하고 2년 동안 미사를 별도로 이끌었다. 그들은 사랑하는 지도자를 잃고 슬퍼했으며, 그를 쫓아낸 황제에게 분노했다.

358년 리베리우스가 마음에 없는 서명을 해주고 유배에서 풀려나 로마로 돌아왔을 때 그는 열렬한 환영을 받았다. 이제 로마에는 두 대주교가 대립하게 되었다. 콘스탄티우스 황제는 이 문제를 말끔하게 정리할 능력이 없었다. 어쩔 수 없이 두 대주교가 제각각 지지자들을 대상으로 영적 지배권을 행사하도록 내버려 두었다. 황제의 이런 정책은 교회는 물론 시민사회까지 혼란에 빠트렸다. 변덕스러운 결정이 내려질 때마다 새로운 주교가 나타났다. 한 도시에 많을 때는 서너 주교들이 난립했다. 그들은 서로 정통을 주장하며 교회 소유권을 놓고 다투었다.

로마의 대주교를 일원화한 것은 결국 신자와 시민 들이었다. 그것도 유혈 폭동을 통해서였다. 리베리우스와 펠릭스 2세를 각각 자파의 대주교로 인정한다는 황제의 조정안이 발표되자 대경기장에 모여 있던 수천 명의 시민들은 흥분된 목소리로 이를 거부했다. 그들은 "신도 하나, 그리스도도 하나, 주교도 하나"를 외치며 거리로 몰려나갔다. 폭동이었다. 도시 곳곳에서 펠릭스 2세의 추종자들이 살해되었다. 콘스탄티우스는 결국 그들의 요구를 받아들여 리베리우스를 로마의 온전한 대주교로 인정할 수밖에 없었다.[142]

폭력과 폭동은 이 시기에 제국 곳곳에서 전염병처럼 번졌다. 야만의 시대였다. 누가 누구를 탓할 상황이 아니었다. 교회의 권위는 무너져 있었고, 황제도 역부족이었다. 오히려 황제와 주교가 폭력을 부추겼다. 황제는 군대를 동원했고, 주교들은 지지자들의 폭동으로 맞섰다.

교회 내부에서도 마찬가지였다. 그리스도인들은 이미 이교도의 신전을 파괴하고 그들을 탄압할 때부터 폭력을 허용받았다. 이제 그 폭력을 교회 내부의 적을 향해 휘두른다 해도 주저할 이유는 없었다. 이단은 이교만큼이나 위험한 존재였기 때문이다. 폭력은 이미 가장 중요한 논증 수단이었다. 그들은 오직 폭력 앞에서만 굴복했다. 정통과 이단의 구분은 더 이상 무의미했다. 상대를 향한 적의가 야수처럼 분출했다. 결코 천사와 악마의 싸움이 아니었다.

동방의 위대한 교부 가운데 하나로 꼽히는 나지안주스의 그레고리우스는 천상의 왕국이 불화로 인해 야밤의 폭풍이나 지옥과 같은 혼돈으로 변하고 말았다고 슬프게 탄식했다. 이교도 역사가인 암미아누스Ammianus Marcellinus(335경~400경)는 그리스도교인 사이에 서로를 향한 적의가 야수의 흉포성을 능가한다고 했다.[143]

이쯤에서 우리는 4세기를 그처럼 뜨겁게 달구던 교리 논쟁이 정말로 순수하게 정통과 이단의 싸움이었는지를 되짚어 보아야 한다. 신성 교리를 둘러싼 교회의 내분과 갈등을 단순한 권력 다툼으로 보는 시각은 분명 무리가 있다. 그러나 폭력과 테러, 보복과 유혈 폭동으로 점철된 이 싸움의 배경에 엄청난 이권이 걸려 있었다는 점 또한 분명한 사실이다.

콘스탄티누스 황제는 밀라노 칙령 이후 국가가 해야 할 복지 행정의 일부를 교회에 맡김으로써 그리스도교에 커다란 특권을 부여했다. 예를 들면 빈민층에 대한 식량 배급을 해당 지역 주교들에게 맡겼다. 교회가 관리하는 무료 장례 서비스도 있었다. 교회는 부유층에게서 재산이나 현금, 현물을 기증받아 가난한 사람들에게 나눠줄 수 있었다. 대도시의 부유층은 가끔씩 가난한 시민들에게 식사나 현금을 희사하기도 했는데, 이런 일은 점차 교회가 중개 역할을 맡았다.

이런 자선과 복지 업무에는 막대한 이권이 따른다. 무엇보다 교회에 대한 우호적인 인식과 의존도를 높임으로써 많은 신자들을 끌어들일 수 있었다. 더 중요한 것은 주교들의 권력도 그에 비례해 커졌다는 점이다. 로마나 알렉산드리아 같은 부유한 교구의 주교는 이미 막대한 재정을 주무르는 매력적인 자리가 되었다. 여기서 조성된 자

사막으로 간 대주교

금이 권력에 대한 뇌물이나 매수 자금으로도 쓰였을 것이라고 짐작한다 해도 그리 빗나간 상상력은 아닐 것이다.

주교들에게는 또 사법권도 있었다. 콘스탄티누스 황제는 318년부터 교회 법정을 국가 사법 기구의 하나로 인정했다. 소송 당사자 중 어느 한 쪽만 교회 신도일 경우에도 유효했다. 이로써 교회 법정의 최고 재판관인 주교는 속세의 재판관과 대등한 권한을 가졌다.

종합적으로 보면 알렉산드리아 같은 대도시의 주교는 권력 서열 면에서 황제의 주요 신하들 가운데 결코 가볍지 않았다. 콘스탄티우스 황제가 아타나시우스를 축출하기 위해 군대를 동원해야만 한 사실이 이런 사정을 입증한다. 당시 이집트의 행정 관리들은 아타나시우스를 어찌할 수 없었다.

아직 밀라노 칙령 이후 반 세기도 채 지나지 않았다. 그리스도교는 이미 황제도 어찌하기 어려운 거대 권력으로 성장해 있었다. 교회는 정치와 손잡고 권력에 맛들이면서 스스로 권력을 키워갔다. 그리스도교 입장에서는 피할 수 없는 선택이었다고 할 것인가? 불의한 정치 권력에 맞서 교권을 지키고, 이단으로부터 정통 교회를 지키기 위한 의로운 싸움이었다고 할 것인가?

폭력과 폭동으로 희생자 수천 명을 내는 사태를 신성한 교리 논쟁의 연장선으로만 이해하는 것은 분명 너무 너그러운 관점이다. 역사를 관통하는 권력투쟁이라는 주제어가 여기라고 예외는 아니다. 길게 보면 이 시기의 역사는 정치와 종교가 뒤엉킨 채 몸부림쳤던 중세 역사의 예고편 성격이 강하다.

VII
사막의 교부

"독방에 머물러라. 독방이
모든 것을 가르쳐 줄 것이다."
― 모세|Moses, Anachoreta ―
《교부 금언집Apophtegmata patrum》

안토니우스

시대가 어수선하면 세상을 등지고 고요한 곳으로 물러나는 사람들도 있다. 그들은 깊은 산 속이나 적막한 사막으로 찾아들어 기도와 관상에 몰두한다. 그들은 자신의 내면에서 일어나는 온갖 유혹과 정면으로 맞서 싸우며 스스로를 단련한다. 가혹한 자기 절제와 금욕을 통해 영적 순수를 찾고 완덕을 추구한다. 그들의 수행이 다만 스스로의 영혼만을 위한 것은 아니다. 그들은 늘 세상의 평화와 인간의 구원을 위해 기도했다. 스스로 세상을 대신해 악의 세력과 싸우고 있다고 여겼다. 자신이 승리한 만큼 어둠이 쫓겨 갈 것이다. 세상은 그만큼 하느님의 빛으로 가득찰 것이다. 그들은 세상에 대한 책임을 한시도 잊지 않았다. 그들은 세상과 떨어져 있지만, 또한 세상 속에 있다. 그들의 몸은 동굴 속에 있지만, 그들의 마음은 늘 세상과 인간을 향한다.

이집트는 남북으로 길게 흐르는 나일 강 양쪽으로 인구가 조밀한 좁은 경작지가 띠를 이루고 있는 땅이다. 그 띠를 벗어나면 바로 사막이 펼쳐진다. 경계선의 안쪽은 '비옥한 검은 땅'이고, 바깥쪽은 불모의 붉은 사막이다. 검은 빛과 붉은 빛, 그 강렬한 대비 속에 이집트인의 삶이 있다. 한 쪽은 생명을, 다른 쪽은 죽음을 상징한다. 그들에게 사막은 신성한 두려움의 땅이다. 본능적 반감이 접근을 가로막는다. 참으로 진지한 동기 없이는 사막으로 다가가지 않는다. 사막에는 맹수와 도적떼와 마귀들이 기다리고 있다. 그러나 그곳은 또한 신을 향한 인간의 의지가 가장 강렬하게 타오르는 곳이기도 하다. 인간 내면의 가장 깊은 곳에서 들려오는 신의 목소리를 들으려면 마땅히 사막으로 가야 한다.

그리스도인들은 3세기 중엽 데키우스Decius(201~251 재위 249~251) 박해 때 고문과 죽음을 피해 사막으로 갔다. 이들은 밀라노 칙령으로 박해 시대가 끝나자 대부분 마을로, 도시로 돌아갔다. 그러나 성덕聖德을 닦기 위해 그곳에 남은 사람도 있었다. 그들은 단순하고 소박한 생활로 영혼의 순수를 추구하며 영적 구원을 갈구했다. 그들의 삶은 세속과의 단절, 완전한 자아 포기, 하느님에 대한 온전한 투신으로 특징지어진다. '복음적 포기'와 '진정한 의지적 죽음'이 그들의 삶이었다. 그 가운데 어떤 이들은 일찍이 지혜와 성덕으로 두각을 나타냈다. 많은 추종자들이 가르침을 청하며 그들을 사부로 여기고 주위로 몰려들었다. 우리는 이들을 '사막 교부'라고 부른다.

교부Pater Ecclesiae란 말 그대로 '교회의 아버지'들이다. 대체로 초대 교회의 주교, 스승, 학자 들을 사랑과 존경을 담아 부르는 표현이다. '사막 교부'는 이집트 북부 사막에 은거하며 수덕修德의 삶을 산 원로들을 가리킨다. 이집트 남부 공주共住 수도원의 창설자인 파코미우스와 후계자들 역시 넓은 의미의 교부이기는 하지만 사막 교부는 아니다. 그들의 공동체는 사막 한가운데가 아니라 나일 강 연안 마을들에 인접해 있었기 때문이다.

3세기 말에는 이미 긴 나일 강 연안과 삼각주 분지의 경사진 암벽 동굴이나 움막에서 생활하는 수도승들이 있었다. 이 가운데 가장 유명한 인물이 안토니우스다. 그는 251년 이집트에서 태어나 나일 강 유역의 한 마을에서 유년 시절을 보냈다. 십대 후반에 부모를 여의고 비옥한 토지 수만 평을 상속받았지만 그 많은 재산을 모두 가난한 사람들에게 나눠주고 수도 생활을 택했다. 당시에 이미 수도 생활을 하는 사람들이 있었지만 그들은 대체로 마을 인근에 머물렀다.

안토니우스도 처음에는 고향 마을에서 멀지 않은 한 동굴에서 10년동안 살았다. 그 후 점차 절대적인 고독을 찾아 사막 깊숙한 곳으로 거처를 옮겼다. 대략 서른다섯 무렵인 285년경에는 피스피르Pispir 근처의 산에 있는 버려진 성채로 옮겨 20년을 수도했다. 말년에는 더 높은 수도를 위해 한층 깊은 산속으로 이동했다. 그는 사막을 가로지르는 사라센인들과 함께 사흘을 걸어간 끝에 시원한 샘과 대추야자 나무가 있는 산 밑에 도달했다. 그곳은 홍해 근처에 있는 콜짐Colzim 산으로, 안토니우스는 그곳 동굴에서 생애 마지막까지 살았다. 나중에 그곳에 안토니우스의 이름을 딴 수도원이 세워졌다.[144]

사막으로 간 대주교

그의 명망은 사막을 넘어 도시에까지 알려졌다. 주교들이 그의 자문을 구했고, 황제가 편지를 보내 조언을 구할 정도로 신망이 높았다. 그의 은수처 주변에는 수많은 제자들이 가르침을 청하며 모여들었다.

수도문화가 꽃핀 이집트 사막의 주요 수도 거점

그의 영향으로 이집트 사막 곳곳에 수행 문화가 꽃을 피웠다. 이집트 북부 니트리아Nitria, 켈리아Kellia, 스케티스Scetis는 은수 생활의 중심지가 되었다. 이 지역을 지도에서 찾아보면 부채꼴로 펼쳐진 나일 강 삼각주의 서쪽에 있고, 알렉산드리아의 남쪽에 해당하는 사막 지역이다.

역설적으로 고독을 찾아 사막으로 간 수행자들이 원하는 고독을 얻었는지는 의문이다. 이미 당대에 이집트 사막에 수천 명의 수행자가 있었다는 증언이 있기 때문이다. 《라우수스 역사Historia Lausiaca》를 통해 사막 수도승들의 흥미로운 면모를 전해주고 있는 팔라디우스Palladius에 따르면 4세기 말까지 니트리아에만 수도승이 5000명 있었고, 그들을 위해 빵을 굽는 곳도 일곱 군데나 되었다.[145]

아타나시우스는 이런 수도 생활의 열렬한 옹호자였다. 그는 대주교가 되었을 때 관할 교구를 순회 방문하며, 이 수도자들에게 깊은 이해와 격려를 보여준 바 있었다. 아타나시우스는 나일 강을 오르내리며 주변에 흩어진 수도 공동체를 여러 차례 둘러보았다. 이때 그는 존경받는 수도자이던 파코미우스와 안토니우스를 만났을 것이다. 젊은 대주교는 이들을 지극히 공경했고, 나이 차를 넘어선 깊은 교분을 맺었다.

대주교를 보호하라

안토니우스는 아리우스 논쟁에서 철저히 아타나시우스 편에 섰다. 그는 아타나시우스의 강력한 지지자였다. 두 사람의 교류가 언제부터 시작되었는지는 분명하지 않다. 아타나시우스의 젊은 시절부터 절친한 관계가 시작되었다는 견해도 있다.[146]

성 테오나스 성당에 군대가 들이닥친 그 밤에 세 번째 도피 길에 나선 아타나시우스가 찾아간 곳은 바로 사막이었다. 그 무렵에 안토니우스는 백다섯의 나이로 숨졌다. 고메즈Jesus Alvarez Gomez에 따르면 356년 1월 17일이다.[147] 2월 8일에 도피한 아타나시우스는 안토니우스를 만날 수 없었을 것이다.

세 번째 도피의 여정은 상당히 모호하다. 그는 도피의 천재였기에 자주 은신처를 옮겼을 것이다. 아타나시우스가 찾아간 곳이 파코미

사막으로 간 대주교

우스의 제자들이 있는 수도원이었을 수도 있다. 그렇지만 파코미우스 공동체는 이미 널리 알려져 있고, 외부세계와 접촉도 빈번했기에 은신처로는 부적합했다. 그를 뒤쫓던 이집트 아르테미오스 장군은 파코미우스 공동체를 수색했지만 찾아내지 못했다.[148] 그러나 공동체에서 좀 떨어진 사막에는 은신할 만한 동굴이 얼마든지 있었을 것이다. 파코미우스는 이미 10년 전에 죽고 없었다. 그러나 그가 세운 수도원의 수도승들은 스승의 유지를 충실히 받들었을 것이다. 그들은 아타나시우스를 극진히 모셨고, 때로는 호위병으로, 때로는 비서로서 충직하게 봉사를 바쳤다. 위험한 순간이 닥칠 때면 자신들의 목숨을 대가로 내놓으며 대주교를 보호했다.

　신앙심 깊은 종교인들이 현실의 법보다 양심의 법, 군주의 법보다 하느님의 법을 우선하는 일은 아주 흔하다. 그들에게 두 법률의 우선순위는 달리 설명이 필요치 않을 정도로 명백하다. 두 법률이 서로 충돌할 경우, 그들은 기꺼이 실정법 준수를 포기한다. 양심법을 따르기 위해 군주의 법에 맞서야 한다면 그들은 망설이지 않는다. 하느님의 법을 지키기 위해 현실에서 핍박을 받는다면 그것은 오히려 영광일 뿐이다. 그러다가 목숨을 내놓아야 할 지경에 이르면 그들은 조용히 목을 내민다. 그것은 자신의 가장 소중한 것을 하느님께 바치는 최고의 봉헌이다. 천국에서의 보상이 약속된 거룩한 순교다. 이런 열망을 가슴에 간직한 뜨거운 신앙인들은 특히 수도자들 가운데 많다. 그들은 이미 자신을 온전히 신에게 봉헌했기에 더 이상 두려움이 없다. 가진 것이 없으므로 빼앗길 것도 없다. 고행과 금욕으로 단련된 영혼은 회유와 협박 앞에 미소를 머금고, 그 불쌍한 영혼을 위해 기도할 뿐이다.

안토니우스와 파코미우스의 제자들은 바로 이처럼 뜨거운 열정을 지닌 순박하면서도 거친 수도승들이었다. 아타나시우스는 그들의 보호 속에 6년을 사막에서 생활했다. 엄밀한 의미에서 아타나시우스를 사막 교부라고 할 수는 없다. 그러나 이 시기의 아타나시우스는 사막의 수도승과 다를 바 없었다. 아타나시우스는 수도원의 엄격한 규율을 조금도 어려워하지 않고 앞장서 따름으로써 수도승들의 존경을 받았다. 분명히 그에게는 수도자와 수도 생활에 대한 호의적 감정이 있었다. 어쩌면 그 자신이 한때 수도 생활을 꿈꾸었는지도 모른다. 그는 대주교직을 수행하면서도 금욕과 절제로 일관된 삶을 살았다.

한편 아타나시우스를 놓쳐버린 콘스탄티우스 황제는 분노에 가득 차서 현상 수배령을 내렸다. 그는 알렉산드리아 시민들에게 공개 서한을 보내 아타나시우스를 저주하고, 살해를 종용했다.

> 저 해충 같은 놈, 아타나시우스가 죄를 짓고 이리저리 도망 다니는 동안에, 누군가 그를 열 번 이상 죽인다 해도, 그동안 그의 추종자들이 설처대는 꼬락서니를 겪어온 우리에게는 오히려 부족함이 있을 것이다.[149]

아타나시우스는 이런 위협에 맞서 게릴라전으로 대응했다. 그는 보이지 않는 곳에 몸을 숨긴 채 끊임없이 아리우스주의를 공격했다. 콘

사막으로 간 대주교

그륀발트Matthias Grunewald 그림, 은수자 성 안토니우스St.
Antony the Hermit_Oil on wood, Musée d'Unterlinden,
Colmar

스탄티우스 황제를 빌라도보다 사악한 폭군, '그리스도의 적antichristus'으로 격렬히 비난하는 글들을 은밀하게 유포시켰다. 만일 그가 사막에 숨어서 단지 목숨만을 부지했더라면, 정통 신앙의 맥이 끊겼을지도 모른다.

그는 이 시기에 가장 많은 저술들을 집필했는데, 대부분 아리우스파를 공박하고, 정통 신앙을 독려하는 내용이다.* 그는 《도피에 관한 변론Apologia de fuga sua》에서 자신의 도피가 단순히 살아남기 위한 도피가 아님을 강조한다. 그는 야곱, 모세, 다윗, 엘리야 같은 구약 시대의 인물과 사도 베드로와 바오로 등의 예를 들며 자신의 행위를 설명한다.

> 그러므로 성인들의 도피는 비난받을 일도 아니고 헛된 일도 아닙니다. 그들이 박해를 피하지 않았더라면 다윗의 후손으로부터 주님이 나실 것이라는 예언이 어떻게 실현될 수 있었겠습니까? 또 누가 진리의 말씀인 기쁜 소식을 전파했겠습니까? … 그러니 누구든 박해를 받아 쫓기는 사람은 성급하게 주님을 시험하려 하지 말고, 죽음의 순간이 올 때까지, 무엇이 좋은지 판단하실 때까지 기다려야 합니다. 그래서 부름을 받거나, 임무가 주어졌을 때, 진리를 위해 죽도록 싸

---

* 이 시기에 저술된 주요 작품으로 《아리우스파의 역사Historia Arianorum ad Monachus》, 《아리우스파 반박론Orationes contra Arianos》, 《콘스탄티우스 황제에게 바치는 변론Apologia ad Constantium imperatorum》, 《도피에 관한 변론Apologia de fuga sua》, 《이집트와 리비아 주교들에게 보내는 편지Epistula ad Episcopus Aegypti et Lybyae》, 《아리우스의 죽음에 관해 세라피온에게 보내는 편지Epistula ad Serapionem de morte Arii》, 《교회회의에 관한 편지Epistula de synodis Arimini et Seleuciae celebratis》 등이 있다.

사막으로 간 대주교

울 수 있도록 준비하고 있어야 합니다. 축복받은 순교자들도 그렇게 했습니다. 그들은 박해가 다가오자 일단 도피했고, 숨어있는 동안에도 강직했으며, 발각되었을 때 기꺼이 순교했던 것입니다.[150]

그는 실제로 틈틈이 변장을 한 채 도시로 잠입해 지지자들의 단결과 투쟁 의지를 북돋운 것으로 보인다. 그 과정에서 한 가지 재미있는 일화가 남아 있다.

알렉산드리아에는 빼어난 미모로 명성이 자자한 스무 살의 처녀가 살고 있었다. 어느 날 한밤중에 누군가 그녀의 집 문을 급박하게 두드렸다. 그녀가 문을 열어보니 그곳에는 옷도 제대로 갖춰 입지 못한 아타나시우스가 서 있었다. 너무나 놀란 그녀에게 대주교는 이렇게 말했다. "하느님께서는 오직 당신만이 오늘밤 나를 구해줄 것이라고 분명하게 알려주셨습니다." 그녀는 곧 의심을 거두고 기꺼이 하느님의 도구가 되었다. 신앙심 깊은 이 처녀는 가장 은밀한 방으로 대주교를 맞아들이고, 그로부터 6년 동안이나 그를 숨겨 주면서 극진히 모셨다. 발을 닦아주고, 책을 가져다주고, 먹고 입을 것을 챙겨주면서 마치 하인처럼 그를 섬겼다.[151]

한 사람은 위태로운 정념을 자극할 만큼 매력적인 스무 살 처녀고, 또 한 사람은 순정무구의 도덕성을 추구하는 성직자다. 세속적 호기심을 자극하는 이 일화의 출처는 팔라디우스다. 그는 사막의 수행 생활 체험을 황제의 시종인 라우수스Lausus에게 보고하는 형식의 작품을 남겼는데 이 때문에 《라우수스 역사》라는 제목이 붙었다. 팔라디우스는 나중에 일흔 살이 된 이 여성과 만났다고 하면서 이 일화를 소개한다.

그러나 많은 연구자들은 대체로 이 이야기를 무시한다. 《라우수스 역사》는 사막의 수도자와 수도 문화에 관한 다양한 정보를 제공해주지만, 엄밀한 역사서로 집필된 것은 아니다. 그러나 아타나시우스가 사막에 숨어 있기만 한 것이 아니라 도시에도 은신처를 마련해 두고, 수시로 출타해 이단과의 싸움을 지휘했다는 근거로 받아들이기에는 무리가 없을 것이다.

베스트셀러를 쓰다

아타나시우스는 안토니우스가 숨지자 그의 생애와 사상을 담은 《안토니우스의 생애Vita Antonii》를 저술함으로써 이 독특한 수도자를 세상에 소개하고, 수도 생활의 모델을 제시했다. 안토니우스가 숨지자 그의 제자들이 아타나시우스를 찾아와 스승의 전기를 써 줄 것을 요청했다고 한다. 이 작품의 저술 시기는 357/8년경으로 본다. 은신처에서 수도승들의 보호를 받으며 그들의 영적 스승인 동시에 자신의 열렬한 지지자였던 안토니우스의 생애를 정리하는 아타나시우스의 심정은 유달리 비감했을 것이다. 이 책은 안토니우스의 다른 제자가 썼다는 설도 있지만 아타나시우스와의 연관성을 완전히 부인하지는 못한다. 아타나시우스는 이 작품을 통해 동 시대와 후대인들에게 올바르고 굳건한 신앙의 이상과 전형을 제시하고자 했다.

《안토니우스의 생애》는 이집트 밖에 사는 수도승의 질문에 답변하는 편지 형식의 서론으로 시작해 안토니우스의 생애와 수도 생활을 94장에 걸쳐 소개한다. 특히 69장은 안토니우스의 입을 빌어 아리우스파를 논박하는 내용이다. 이에 따르면 안토니우스는 자신이 아리우스파와 같은 견해를 지니고 있다는 아리우스파의 주장 때문에 주교들의 소환을 받고 알렉산드리아로 갔다. 그는 도시에 들어서면서 아리우스파의 교리가 결정적 이단이며 결국 우상을 섬기는 이교도와 다를 바 없다고 신랄하게 비난한다.

> '그분이 존재하지 않았던 때가 있었다.'고 말하는 것은 신성모독입니다. 왜냐하면 말씀은 항상 아버지와 공존하시기 때문입니다. 그러니 여러분은 가장 불경스러운 아리우스파와는 어떤 접촉도 하지 말아야 합니다. 빛이 어떻게 어둠과 사귈 수 있겠습니까?(2고린 6,14) 여러분은 하느님을 경외하는 그리스도인들입니다. 그러나 그들은 아버지 하느님의 말씀이요 아들이신 분을 피조물이라고 주장합니다. 그들은 '창조주 대신에 피조물을 받들어 섬기는'(로마 1,25) 이교도와 조금도 다를 바 없습니다.[152]

안토니우스가 자신들과 같은 견해를 지니고 있다는 아리우스파의 주장은 당시 아리우스파나 정통파 모두 안토니우스를 비롯한 수도자들의 지지를 확보하기 위해 애썼음을 보여 준다.

안토니우스가 아리우스파를 공박하기 위해 알렉산드리아로 간 것은 338년으로 추정된다. 안토니우스 연구자들에 따르면 그가 수도 생활 중에 사막을 떠나 도시로 간 것은 모두 두 번이다. 첫 번째는 박해시대인 311년으로, 알렉산드리아의 신도들을 격려하고 자신도 순교하려는 목적이었다.

두 번째는 338년으로, 아타나시우스가 트리어에서 유배를 마치고 돌아온 다음해다. 그 무렵 아타나시우스는 로마로의 2차 추방을 앞두고 아리우스파의 거센 공격에 직면해 있었다. 안토니우스는 6월 25일부터 27일까지[153] 단 사흘 동안 알렉산드리아에 머물렀지만 엄청난 반향을 일으켰다. 여든 살을 훌쩍 넘긴 사막의 성자가 다시 나타난 것만으로도 알렉산드리아에는 소동이 일었다. 그는 아리우스파 성직자들을 찾아가 그들을 '반反 그리스도의 첫 징조'라고 꾸짖었다. 지지자들에게는 아리우스파의 교리는 악마의 교리이며, 사도들의 가르침과 정반대이므로 절대로 동조해서는 안 된다고 가르쳤다. 그는 격정적인 연설로 알렉산드리아의 민심을 일깨웠다.

사막은 마귀들의 땅이기도 하다. 고독한 수도 생활은 마귀들의 집요한 공격을 이겨내야 한다. 마귀는 수도자의 영혼을 침범하는 온갖 유혹을 의인화한 표현일 것이다. 사막의 수도승들에게 마귀는 매우 현실적인 체험이었다. 그들은 실제로 형상화된 마귀들과 맞닥뜨렸다. 예수도 사막에서 악마의 시험을 받았다.

안니발레 카라치 Annibale Carracci **그림, 성 안토니우스의 유혹**The Temptation of St Anthony Abbot
동굴에서 수도중인 안토니우스가 온갖 마귀로부터 유혹과 공격을 받고 있는 모습._1597~98, Oil on copper,
50x34cm, National Gallery, London

《안토니우스의 생애》는 마귀와 싸우는 안토니우스의 모습을 묘사하는 데 많은 부분을 할애한다. 마귀들은 인간 내면의 탐욕을 자극하는 온갖 유혹으로 은수자를 공격한다. 수도승들은 십자 성호signum Crucis와 그리스도의 이름으로 이를 방어한다. 끊임없는 기도로 영혼을 연마하고, 금욕과 노동으로 육체를 단련한다. 안토니우스는 이러한 수덕修德의 거의 완전한 단계에 이르렀다. 오랜 수행으로 그의 영혼은 금강석처럼 단단해졌다. 마귀들은 아무리 경건한 모습을 가장해도 그의 눈을 속일 수 없었다.

안토니우스가 처음 사막으로 갔을 때 마귀들은 그를 쫓아내려고 했다. 그가 곧 사막을 수도승들로 가득 채울 것임을 알아보았기 때문이다. 마귀들은 "우리에게서 꺼져라. 사막엔 뭣 하러 왔느냐?"고 부르짖었다. 나중에는 마귀들이 더 이상 쫓겨 갈 곳이 없다고 그에게 불평했다. 그리스도교 때문에 도시에서 사막으로 쫓겨났는데, 이제 사막마저 수도승들에게 빼앗겼다는 것이다.

《안토니우스의 생애》는 수도 문화를 확산시키는 데 크게 기여했다. 그리스도교의 성인을 다룬 전기는 그 이전에도 있었지만, 이 작품만큼 많은 이들의 사랑을 받고 영향을 끼친 작품은 없었다. 도처에서 이집트 사막을 주목했고, 사막 교부들에 대한 많은 일화가 전파되었다. 제자나 방문객과 주고받은 그들의 금언은 마치 복음이 선포되듯이 널리 확산되었다. 사막 교부들의 금언과 행적을 담은 금언집은 여러 언어로 번역되어 각지로 퍼져 나갔다.

375년경 안티오키아의 에바그리우스Evagrius(320경~394경)가 라틴어로 번역하면서, 이 책은 서방에서도 많은 사람을 회개시키고 수도 생활로 이끌었다. 특히 수십 년 뒤 성 아우구스티누스S. Augustinus(354~430)는 이 작품이 자신의 회심에 강렬한 영향을 끼쳤다고 고백했다. 좀 더 후대의 베네딕도S. Benedictus(480/90~555/60) 성인의 수비아코Subiaco 동굴 수행이나 중세기 성 프란치스코S. Francisco(1181/82~1226)의 회심 과정에서도 안토니우스의 영향이 엿보인다.

안토니우스는 사실 스스로 충분히 빛을 발한다. 그는 이미 당대에 명성이 높았고, 수많은 추종자들이 있었다. 그러나 안토니우스의 명성을 오늘날까지 전해준 것은 역시 아타나시우스의 공으로 돌려야 할 것이다. 어찌 보면 두 사람은 서로 상승작용을 일으켰다. 안토니우스의 삶과 신앙은 아타나시우스라는 고위 성직자의 펜 끝에서 그리스도교의 핵심적 가치로 공인되었다. 아타나시우스 역시 안토니우스라는 매혹적인 인물을 당대 교회가 필요로 하는 모습으로 그려냈고, 그렇게 윤색한 측면이 있다.

VIII
하나이면서 셋

"얘야, 무엇을 하고 있니?"
"저 바닷물을 모두 퍼서 이 구덩이로 옮기려고요."
"아이야, 그것은 불가능한 일이란다."
"그런가요? 주교님께서 궁리하시는 삼위일체의
신비는 이보다 훨씬 어렵답니다."

배교자 황제의 등장

자신의 치세를 혼돈으로 몰아간 콘스탄티우스는 361년 11월 3일 마흔셋의 나이로 갑작스럽게 죽었다. 병사病死였다. 그의 치세 23년은 그리스도교가 제국에 뿌리를 내린 기간이었지만, 또한 아리우스파가 득세한 기간이었다. 사가들은 그가 환관과 여자와 주교 들에게 휘둘렸다고 평한다. "환관의 수는 여름날 창궐하는 벌레들만큼이나 많았다." 그는 "자신의 마음을 이성으로도 누그러뜨리지 못하고 신앙으로도 진정시키지 못한 채 어둡고 공허한 심연의 양끝을 맹목적으로 오갔다."[154]

뒤를 이은 황제는 율리아누스Iulianus(331~363 재위 361~363)였다. 그는 콘스탄티누스 대제의 조카뻘이 된다. 대제의 장례식 직후 숙청이 단행될 당시에 나이가 여섯 살에 불과해 죽음을 면했다. 그는 가족을 암

사막으로 간 대주교

살한 자들의 손에서 감시 겸 보호를 받으며 자랐다. 그가 스물네 살이 되었을 때, 제국 방위를 혼자서 감당할 수 없었던 콘스탄티우스는 그를 부제로 발탁했다. 355년의 일이다. 콘스탄티우스는 부제 임명 이후에도 율리아누스를 끊임없이 견제하고 불신했다. 두 사람의 갈등 속에 율리아누스의 휘하 장병들은 그를 아우구스투스로 추대했다. 이로써 한판 전쟁이 불가피해졌을 때 마침 콘스탄티우스가 죽은 것이다. 제국 전역의 군단들은 곧바로 율리아누스에게 충성을 맹세했다.

율리아누스는 흔히 '배교자 율리아누스Iulianus Apostata'로 불린다. 그리스도교의 역사가들이 붙인 혹평이다. 그가 그리스도교의 세례를 받았는지는 분명하지 않다. 당시에는 유아 세례가 흔하지 않았고, 성인이 될 때까지 세례를 미루는 일이 많았다. 앞의 두 황제 즉 콘스탄티누스 대제와 콘스탄티우스 2세는 모두 죽기 직전에 세례를 받았다. 그러나 율리아누스는 좀 더 어린 시절에 세례를 받았을 가능성도 있다. 니코메디아의 에우세비우스 주교가 그의 훈육을 맡았고, 성당에서 성경을 봉독하는 직책을 맡은 적도 있기 때문이다. 그러나 그리스도교를 마음 깊이 받아들인 흔적은 없다. 그가 심취한 것은 그리스 고전의 세계였다. 그는 호메로스와 헤시오도스와 핀다로스의 시를 즐겨 암송했고, 플라톤과 아리스토텔레스의 제자를 자처하는 철학도였다.

그는 황제가 되기 이전에 그리스도교를 버린 듯하다. 어쩌면 교리를 빙자한 격렬한 대립과 광기어린 폭력을 지켜보며 환멸을 느꼈는

지도 모른다. 다만 황궁의 분위기 때문에 겉으로 드러내지는 못했을 것이다. 황제가 된 뒤 곧바로 취한 종교정책이 이를 뒷받침한다. 그는 모든 종교, 모든 신앙을 다 허용함으로써 그리스도교의 기대를 배반했다. 그리스도교가 경멸해 마지 않는 온갖 이교의 신들과 그리스 로마의 전통 신들도 모두 인정했다. 그리스도교 안에서도 아리우스파든, 아타나시우스파든 가리지 않았다.

문제는 이처럼 평등을 내세운 종교 정책이 그리스도교 입장에서 보면 엄청난 기득권의 박탈을 의미한다는 것이다. 밀라노 칙령 이후 반세기나 누려온 그리스도교의 온갖 특전들이 모두 폐지되었다. 성직자와 교회 재산에 대한 면세가 취소되고, 국고로 지어주던 성당 건립도 중단되었다.

반면 전통 종교들은 활발한 중흥의 기회를 맞았다. 몰수된 토지를 돌려받고, 파괴된 신전들도 재건했다. 향을 피우고, 산 짐승을 희생 제물로 바치는 전통 제의가 되살아났다. 그리스도교의 성직자 계급을 모방해 도시마다 제사장과 전문 사제가 임명되었다. 율리아누스 자신도 대제사장직을 맡았다. 이것은 초대 황제 아우구스투스 이래의 관례이기는 하지만 그는 보다 열정적인 신념으로 이 직무를 수행했다. 표면적으로는 종교의 자유를 내세웠지만, 실제로는 분명한 이교의 부흥이었다.[155]

아타나시우스가 사막으로 도피한 이후 알렉산드리아의 대주교는 아리우스파인 게오르기우스가 맡고 있었다. 그는 카파도키아 출신으로, 매우 사악하고 비열한 인물로 그려진다. 이교도 역사가인 암미아

사막으로 간 대주교

누스까지 그런 혹평에 가담할 정도니 어느 정도 수긍할 수밖에 없다. 그의 재임기간은 온통 잔학 행위와 탐욕으로 얼룩졌다. 그는 황제의 지원을 배경으로 초석, 소금, 종이, 장례 등 온갖 분야에서 부당한 방법으로 거래를 독점해 알렉산드리아 상인들을 빈곤에 빠트렸다. 멋대로 세금을 매기고, 이교도 신전을 약탈하기도 했다.[156]

견디다 못한 알렉산드리아 시민들은 폭동을 일으켰다. 그는 358년 10월에 도시 밖으로 쫓겨났다. 콘스탄티우스 황제는 폭동을 진압했지만, 게오르기우스는 3년 넘게 귀국하지 못했다. 그가 알렉산드리아로 돌아온 것은 361년 11월이었다. 그리고 나흘이 지났을 때 콘스탄티우스의 사망과 새 황제 율리아누스의 즉위가 발표되었다. 그동안 억눌려 있던 알렉산드리아의 시민들은 즉시 게오르기우스에 대한 보복에 나섰다. 이 보복은 아타나시우스 지지파가 아니라 이교도들이 주도했다. 그들은 게오르기우스의 거처로 몰려가 그를 쇠사슬로 묶고 온갖 린치를 가한 뒤 20여 일 동안 감금했다. 그러나 민중의 분노는 정상적인 재판 절차를 기다릴 수 없었다. 그는 어느 날 아침 감옥 문을 열어젖힌 성난 군중들에게 끌려 나가 살해되었다. 그의 몸뚱이는 낙타 등에 실린 채 일곱 시간 동안 거리로 끌려 다니다가 불에 태워졌다.[157]

이제 막 즉위한 새 황제 율리아누스는 이 폭동에 관대했다. 그에게는 그리스도교 주교 하나가 이교도의 손에 죽은 사건에 불과했다. 황제는 오히려 알렉산드리아의 시민들이 그동안 겪은 폭정에 대해 동정하는 태도를 보였다. 그는 이전에 빼앗긴 이교도의 신전을 복구해

주고, 우상을 다시 세우고, 공금도 모두 돌려주라고 명령했다. 황제
는 또 그리스도교에 대해서도 파당적 싸움의 결과로 쫓겨난 모든 주
교들이 자기 고장으로 돌아가도록 조치했다.[158]

이것은 종교적 관용으로 포장된 경멸이 분명했다. 황제는 곧 벌어
질 그들의 격렬한 분쟁을 지켜보며 즐길 심산이었는지 모른다. 그로
서는 오로지 폭력 이외의 대화 수단을 모르는 그리스도 교파들이 서
로 물어뜯다가 자멸해 주기를 바랐을 것이다. 주교들은 유배지에서
돌아와 지지자들을 규합했다.

하나이면서 셋

아타나시우스도 6년에 걸친 도피와 은거를 끝내고 알렉산드리아로
돌아왔다. 362년 2월 21일이다. 그동안 교회의 신앙고백에는 커다란
변화가 있었다. 아리우스 신학은 콘스탄티우스의 지원 아래 여러 차
례 교회회의를 통해 주류 신학의 위치를 굳혔다. 니케아 신경은 사실
상 폐기된 것이나 마찬가지였다. 357년 시르미움 교회회의는 이른바
'제2차 시르미움 정식定式'을 통해 이렇게 선언했다.

아버지가 더 위대하다는 점은 분명하다. 아버지는 명예, 위엄, 영광,
권위에서, 그리고 '아버지'라는 바로 그 이름으로, 아들보다 더 위대
하다. 누구도 이를 의심할 수 없다. 아들 스스로 "나를 보내신 분은

나보다 위대하다"(요한 14,28)고 증언하기 때문이다.[159]

이로써 아버지와 아들의 분명한 차별성을 주장한 아리우스 신학은 처음으로 교회회의를 통해 정통으로 공인되었다. 이 회의는 니케아 신경의 핵심 용어인 호모우시오스homoousios는 물론 유사본질파의 주장인 호모이우시오스homoiousios라는 용어의 사용도 금지시켰다. 이러한 과격한 선언은 곧 커다란 논란을 일으켰다. 니케아파는 이 정식을 가리켜 '시르미움의 신성모독'이라고 조롱했다. 그동안 아리우스파에 우호적이던 유사본질파 역시 이처럼 명백하게 성자를 격하시키는 데는 동의하기 어려웠다.

끊임없는 논란이 계속되자 콘스탄티우스 황제는 다시 한 번 대규모 교회회의를 소집했다. 359년 서방의 리미니Rimini, 당시 지명은 Ariminum와 동방의 셀레우키아Seleucia, 현재 터키의 Silifke에서 동시에 회의가 열렸다. 리미니에는 서방 주교 400여 명이, 셀레우키아에는 동방 주교 150여 명이 참석했다. 그때까지 열린 교회회의 가운데 가장 큰 규모였다. 황제는 이번에야말로 모든 주교들의 서명을 받아낼 만한 화해적인 정식을 만들어 분열된 교회를 일치시키고자 했다.

황제는 동·서방 동시 회의에서 "성부와 성자는 성경에 따라 유사하다"라는 정식定式을 내놓았다. 미리 몇몇 주교들의 자문을 받아 준비한 정식이었다. 본질의 유사성과 동일성을 따지지 않고 성경을 내세웠기 때문에 딱히 거부하지 못할 것으로 기대했다. 그러나 바로 그 때문에 어느 쪽도 만족시키지 못했다. 주교들은 알맹이 없는 정식에 쉽사리 동의하지 않았다. 황제는 회의를 6개월이나 끌며 서명을 강요했다. 결국 주교들은 모두 이 정식에 서명했지만, 그것은 그러지 않으면 그곳을 떠날 수 없었기 때문이다. 여름에 소집된 주교들은 그해 12월 31일에야 풀려날 수 있었다. 황제는 360년 1월 1일, 이제 교회의 평화가 회복되었다고 선언했다.[160]

그러나 강요된 서명이 평화를 가져올 수는 없었다. 실제로 이 회의를 계기로 또 하나의 파당이 만들어졌을 뿐이다. 이제 니케아동일본질파, 아리우스비유사파, 중도유사본질파 외에 유사homois파가 새로 생겼다. 니케아파는 이 회의를 통해 다시 한 번 배척당했다. 물론 시르미움 회의357년 이후 득세하던 과격 아리우스파도 밀려났다.

362년 알렉산드리아로 돌아온 아타나시우스가 맞닥뜨린 것은 바로 이런 상황이었다. 그는 곧바로 교회회의를 소집해 정통 신앙 복구에 나섰다. 그해 여름 알렉산드리아에서 교회회의가 열렸다. 이 회의는 삼위일체 논쟁의 발전 과정에서 중요한 의미를 갖는다. 아리우스파와 니케아파의 주장을 놓고 처음으로 신학적 중재 방법을 제시한 것이다. 이 회의는 안티오키아 교회의 분열을 다룬 〈안티오키아인들에게 보낸 교의서간Epistula ad Antiochenus〉을 채택했는데, 여기서 처음으로 하느님 안에 있는 서로 다른 세 위격位格hypostasis에 관한 표현 방식을 인정했다.[161]

니케아 공의회 당시에는 나중에 '본질'이라는 개념으로 굳어진 우시아ousia와 '위격'을 뜻하는 히포스타시스hypostasis의 개념이 명확히 구분되지 않았다. 니케아 신경은 '(성자는) 곧 아버지의 본질우시아ousia

에서 나셨다.'고 한 뒤, '다른 우시아 또는 히포스타시스에서 존재한다고 말하는 사람들을 파문한다.'고 했다. 따라서 이 신경에 따르면 성부와 성자와 성령은 하나의 우시아일 뿐만 아니라 하나의 히포스타시스이기도 하다.

알렉산드리아 교회회의는 성부, 성자, 성령이 하나의 우시아이기는 하지만, 서로 다른 세 히포스타시스임을 인정한 것이다. 즉 성부와 성자와 성령은 하나의 본질에서 나오는 세 위격이다. 이것은 정통 니케아파가 성부와 성자의 차별성을 처음으로 받아들인 것이다. 삼위일체 신학과 그리스도론에 대한 결정적인 양보로 볼 수 있다. 물론 성자의 신성을 조금도 훼손하지 않으면서 공존할 수 있는 중재안을 제시한 것이다.

그런데 '우시아'는 무엇이고, '히포스타시스'는 무엇인가? 우시아는 본질 또는 본성으로 번역하고, 히포스타시스는 위격 또는 실체로 번역한다. 그럼 '본질'은 무엇이고 '실체'는 무엇인가? 도공이 도예 작품을 만들 때 먼저 흙 반죽이 필요하다. 그는 잘 반죽된 흙으로 갖가지 모양을 빚어서 가마에 넣고 알맞은 불길로 구워낸다. 종류에 따라 굽는 방법이 달라진다. 뜨겁게 한 번 구울 수도 있고, 은은하게 여러 번 구울 수도 있다. 한 번 구워낸 뒤 무늬를 그려 넣고 유약을 발라 다시 구울 수도 있다. 이렇게 해서 다양한 작품이 탄생한다. 화려한 고려청자도, 담백한 달항아리도, 화병도, 찻잔도, 막사발도 나온다. 화병이나 찻잔이나 막사발은 서로 모양도 다르고, 색깔도 다르고, 용도도 다르다. 어떤 것은 무르고, 어떤 것은 아주 단단하다. 즉 실체라는 측면에서는 전혀 다르다. 그러나 본질이라는 면에서 보면 서로 다를 게 없다. 모두가 흙 반죽에서 출발했고 결국 흙이다. 그러나 한편으로 이러한 비유는 매우 위험하다. 화병과 찻잔과 막사발은 본질은 같아도 결국 서로 다른 셋이다. 성부, 성자, 성령은 그렇게 분리될 수 있는 셋이 아니다. 셋인 듯하지만 하나고, 하나인 듯하지만 셋이다.

이 정도의 설핏한 비유로 삼위일체의 신비에 다가선 것일까? 만일 그렇게 믿는다면 그 심오함을 얕잡아 본 것일 수 있다. 그리스도교 2000년 역사에서 가장 탁월한 학자로 꼽아도 지나치지 않은 성 아우구스티누스조차도 이 신비를 이해하고 해설하는 데 한계를 느꼈다. 그의 심경을 묘사한 전설 같은 비유가 전해온다. 어느 날 아우구스티누스는 삼위일체의 신비를 궁구하다가 너무 머리가 아파 바닷가로 산책을 나갔다. 그는 해변을 따라 걷다가 조개껍데기로 바닷물을 퍼 나르고 있는 한 어린아이를 발견한다.

"애야, 무엇을 하고 있니?"

"저 바닷물을 모두 퍼서 이 구덩이로 옮기려고요."

"아이야, 그것은 불가능한 일이란다."

"그런가요? 주교님께서 궁리하시는 삼위일체의 신비는 이보다 훨씬 어렵답니다."

"..."

사막으로 간 대주교

산드로 보티첼리 Sandro Botticelli **그림, 성 아우구스티누스의 환시**Vision of St. Augustine
아우구스티누스는 히포Hippo(오늘날 알제리 동부 해안도시 안나바)의 주교였다. 보티첼리의 이 작품은 〈삼위일
체론〉을 저술할 당시의 일화를 소재로 하고 있다. 이 일화는 사실이라기보다는 비유다._1488, Tempera on
panel, 20x38cm, Galleria degli Uffizi, Florence

아우구스티누스는 학문적으로 완숙한 시기에 약 20년³⁹⁹~⁴²⁰에 걸
쳐《삼위일체론De Trinitate》을 저술하고도 그 말미에 이르러 자신의 부
족한 재능을 한탄한다. "주님께서 열어주신 곳에 제가 들어가거든 맞
아주소서. 주님께서 닫아거신 곳에 제가 두드리거든 열어주소서." 그
는 이런 절절한 기도로 알 듯 말 듯한 신앙의 신비 앞에 선 외로운 심
경을 토로한다.

좀 거칠게 정리하면 니케아 신경에 나타난 정통파의 주장은 '성부
와 성자는 본질적으로 (또는 실체적으로도) 같다'는 것이었다. 반면 아
리우스파의 주장은 '성부와 성자는 본질적으로 (당연히 실체적으로도)

다르다'는 것이다. 알렉산드리아 교회회의의 결론은 '성부와 성자는 본질적으로 같지만, 실체적으로 다르다'는 것으로 이해할 수 있다. 달리 말하면 '같기도 하고 다르기도 하다'는 것이다.

이로써 니케아 공의회 당시 미완의 최우수 논문은 개정 증보판을 통해 수정 보완되었다. 이 논문은 그로부터 20년 뒤에 열린 콘스탄티노플 공의회에서 정통 교리로 공인되어 새로운 신경으로 반영되었다. 이 회의는 또 성령의 신성을 부정하고, 성령을 피조물로 보는 견해를 단죄했는데, 이 역시 콘스탄티노플 공의회로 수렴되었다.

알렉산드리아 교회회의는 대주교좌에 복귀한 아타나시우스가 회의 분위기를 주도했다는 점에서 그의 또 다른 일면을 보여준다. 그동안 거부해온 주장과의 공존을 선택한 것으로 볼 수 있기 때문이다. 이것은 타협일까, 발전일까? 그리스도교의 분열에 대한 위기의식의 발로인가? 아니면 순수한 신학적 측면의 교의dogma 발전의 결과인가? 진리는 히말라야의 거봉처럼 언제나 온전한 모습으로 그곳에 있을 뿐이다. 인간은 운무가 걷힌 짧은 순간에야 그 비경을 포착한다. 그리고 부족한 언어로 그 모습을 묘사하지만 늘 불완전할 수밖에 없다.

짧은 도피 긴 귀향

한편 율리아누스는 아타나시우스가 대주교직에 복귀하도록 내버려둔 것을 후회하고 트집을 잡았다. 황제의 마음이 왜 바뀌었는지는 명

사막으로 간 대주교

확하지 않다. 아타나시우스가 귀환하자마자 교회회의를 소집하고, 그리스도교 내부에 화해의 움직임이 나타나는 것이 못마땅했는지도 모른다. 그는 아타나시우스가 알렉산드리아로 돌아오도록 허용한 것은 사실이지만 대주교직에 복귀하도록 한 적은 없다는 이유를 내세웠다. 선대 황제의 거듭된 판결로 단죄 받은 죄인이 감히 자신의 명령도 기다리지 않고 대주교직을 수행함으로써 황제와 법을 모독했다는 것이다. 그러나 이미 대주교좌에 복귀한 지 8개월이나 지난 10월에야 이런 조치가 내려진 것을 보면 선뜻 이해하기 어렵다. 황제는 아타나시우스에게 추방령을 내리고, 이집트 총독 엑디키우스에게 직접 서신을 보내 집행을 독촉했다.

"위대한 사라피스 신께 맹세코, 그믐달 초하루까지도 아타나시우스가 알렉산드리아, 아니 이집트를 떠나지 않는다면 그대의 관료들은 금 100파운드의 벌금을 바쳐야 한다. … 아타나시우스의 추방보다 더 기쁜 소식은 없을 것이다. 발칙하기 그지없는 놈!"[162]

362년 10월 24일 아타나시우스는 체포를 피해 또다시 도피했다. 네 번째였다. 그는 이집트 사막으로 몸을 숨겼다. 이때의 도피는 아슬아슬한 순간을 벗어난 그의 대담한 기지를 보여준다.

그는 즉시 배를 타고 전속력으로 나일 강을 거슬러 올라갔다. 추격자들이 빠르게 뒤쫓아 왔다. 거리가 점점 좁혀지자 함께 탄 사람들은 우선 가까운 사막 쪽으로 가자고 재촉했다. 그 순간 대주교가 기지를 발휘했다. 그는 추격자들을 향해 뱃머리를 돌리도록 했다. 두 배가 만났을 때 그들은 아타나시우스를 보았느냐고 물었다. 아타나시우스가 대답했다. "그는 멀리 있지 않습니다. 서두르면 곧 따라잡을 수 있을 것입니다."[163]

아타나시우스는 이때 나일 강 상류 테바이스 지역의 헤르모폴리스까지 가고, 거기서 더 깊숙한 안티노폴리스까지 올라간다.[164] 그 지역에는 수도승들이 많았고 따라서 신분을 드러내지 않고 몸을 숨길 수 있는 장소를 찾기가 쉬웠기 때문일 것이다.

아타나시우스는 알렉산드리아를 떠나기 전에 지지자들에게 짧은 메시지를 남겼다. "형제 여러분, 용기를 내십시오. 이런 일은 잠시 후면 흩어질 한 조각 구름일 뿐입니다."[165] 그는 이미 나이 예순을 훌쩍 넘겨 일흔을 바라보고 있었다. 세파와 시련을 겪을 만큼 겪은 그는 크게 당황하지 않았다. 이 예언적 담화는 곧 이뤄졌다.

율리아누스는 다음해 여름 페르시아 원정 중에 부상을 입고 죽고 말았다. 그는 콘스탄티누스 대제 이래 로마제국의 군기로 사용된 라바룸 대신 독수리를 조각한 아퀼라^Aquila 군기를 앞세우고 출전했다. 예수 그리스도를 상징하는 ☧ 표시가 들어있는 라바룸 군기가 못마땅했던 것이다. 그는 페르시아 땅 깊숙이 쳐들어가 전투를 지휘하던 중 기습을 감행한 적병의 창에 찔려 숨졌다. 363년 6월 26일, 재위 20개월을 다 채우지 못했을 때였다. 그가 죽자 병사들 사이에서는 묘한 소문이 퍼졌다. 황제를 찌른 창이 적군의 창이 아니라 로마군 기병의 창이었다는 것이다. 사실이든 아니든 이런 소문 자체가 이미 병사들의 마음이 황제를 떠났음을 보여준다.

다음 황제는 호위대장 출신인 요비아누스Iovianus(331~364 재위 363~364)가 추대되었다. 그는 나흘 만에 페르시아 왕 샤푸르 2세와 휴전 협정을 맺고 전선에서 철수했다. 그는 그리스도교도였기에, 전임 율리아누스의 모든 종교정책을 백지로 돌렸다. 이교를 중흥하고 그리스도교를 억압한 모든 조치를 무효화하는 법령들을 잇달아 공포했다. 자신의 신앙을 드러내고 그리스도교의 법적 권한을 보장하는 내용의 서신을 모든 속주의 총독들에게 보냈다.

아타나시우스는 율리아누스의 사망 소식을 듣고 8월에 사막에서 나왔다. 그는 한밤중에 비밀리에 알렉산드리아로 들어가 몇몇 성직자들과 만났다. 그러고는 새 황제 요비아누스와 면담하기 위해 곧바로 출발했다. 그는 배편으로 히에라폴리스Hierapolis에 도착해 9월에 황제를 만났다. 요비아누스는 이 정통파 대주교에게 신임을 표시하고, 그를 알렉산드리아의 합법적인 대주교로 승인했다. 황제는 그의 복귀를 보장하는 서한을 써주고, 안티오키아까지 동행하며 우호의 감정을 표현했다.[166] 이 서한은 마치 아타나시우스의 인생에 바치는 헌사獻辭처럼 읽힌다.

> 귀하의 고결한 삶과 하느님을 닮은 모습, 우리 주 그리스도를 향한 뜨
> 거운 사랑에 찬탄을 보내며 우리는 귀하를 최고 영예의 주교로 받아

들입니다. 귀하는 박해자들의 위협과 고난 앞에 조금도 위축되지 않았으며, 그들의 협박과 위험을 티끌처럼 가볍게 여겼습니다. 정통 신앙의 방향타를 굳게 부여잡고 지금까지도 진리를 위해 투쟁해왔습니다. 스스로 삼가는 자세로 모든 신앙인의 모범이 되었고, 완덕의 표본이 되었습니다. … 이제 거룩한 교회로 돌아가 하느님의 백성을 돌보십시오. 자비로운 기도로 우리를 하느님께로 인도해 주십시오.[167]

율리아누스 황제의 사망 소식을 듣고 즉시 사막에서 나와 전선에서 철수 중인 새 황제를 만나러 간 아타나시우스의 행동은 과연 기민하고 적절했다. 정확한 판단과 신속한 결단, 민첩하고 과감한 행동은 그의 상황 대처 능력을 종합적으로 보여준다. 그는 도피에만 뛰어났던 것이 아니라 상황을 반전시키는 데도 탁월했다. 물러나야 할 때와 나아가야 할 때, 승부수를 던져야 할 때와 그렇지 않을 때를 구분함에 있어 실수가 없었다.

만일 황제가 돌아올 때까지 기다렸다면 그는 기회를 놓쳤을지 모른다. 혹은 일을 훨씬 어렵게 만들었을지도 모른다. 아리우스파 역시 황제와 면담하기 위해 안티오키아에 도착했기 때문이다. 그때는 이미 아타나시우스가 황제와 동행하며 충분한 신뢰를 쌓은 뒤였다. 아리우스파는 루키우스Lucius를 알렉산드리아의 주교로 내세우며 황제의 승인을 요청했다. 황제는 이미 아타나시우스의 복귀를 승인했음을 알리며 여러 차례에 걸친 그들의 간청을 물리쳤다.

이 시기 이후의 아타나시우스에 대해서는 그 행적을 알려주는 자료가 빈약한 편이다. 그는 황제가 안티오키아를 떠난 뒤에도 그곳에 두세 달 더 머물며 정통파를 복원하고 지역 교회를 일치시키기 위해 노력했다. 그는 다음해인 364년 2월 14일 알렉산드리아로 복귀해 열렬한 환영을 받았다. 그는 율리아누스 재위 기간 동안 피폐해진 그리스도교의 입지를 되살리는 데 힘을 쏟았다.

요비아누스 황제가 안티오키아를 떠나 수도 콘스탄티노플로 출발한 것은 363년 말이었다. 364년 2월 17일 아침, 그는 숙소인 한 지방 유력자의 집에서 숨졌다. 전날 밤의 과음과 과식이 사인으로 발표되었다. 재위 7개월, 수도 황궁에는 미처 발도 들여놓지 못한 허망한 죽음이었다. 후임 황제는 북방 야만족 출신으로 도나우 강 방위군에서 경력을 쌓은 발렌티니아누스Valentinianus I(321~375 재위 364~375)였다. 그는 즉위 한 달 만에 자신의 동생 발렌스Valens(328~378 재위 364~378)를 공동 황제로 발탁하고 제국 동방을 맡겼다.

발렌티니아누스는 그리스도교도였지만 신앙적 동기에서 비롯된 정책은 별로 없었다. 그는 교회와 일정한 간격을 유지했고, 교리 논쟁에도 관여하기를 꺼렸다. 교회회의도 소집하지 않았고, 이교를 탄압하지도 않았다.

그러나 제국 동방의 황제 발렌스는 달랐다. 발렌스는 고트족과의 전쟁을 앞두고 신의 보호를 구하며 황급히 세례를 받았다. 그는 아리우스파 주교로부터 세례를 받았고, 정통파의 완고함을 좋아하지 않았다. 그 감정은 점차 짜증과 증오로 바뀌어, 요비아누스 시대에 임명된 정통파 주교들에게 추방령을 내렸다.

아타나시우스는 365년 10월 5일에 다시 알렉산드리아를 떠났다. 네 번째 도피에서 복귀한 지 1년 7개월만이었다. 생애 다섯 번째이자 마지막 도피였다. 이때 그는 조상의 무덤 근처에서 넉 달 동안 은신했다고 한다. 그가 도피하자 알렉산드리아의 시민들은 그의 복귀를 요구하며 소요를 일으켰다. 사태가 폭동으로 치달을 조짐을 보이자 황제는 수습에 나섰다. 당시 그는 북쪽으로는 고트족, 동쪽으로는 페르시아에 시달리고 있었기에 내정의 안정이 시급했다. 발렌스는 아타나시우스가 아무런 방해 없이 교회를 이끌 수 있도록 허용하라고 서한을 통해 지시했다.[168] 366년 2월 1일 아타나시우스는 주교직을 되찾았다.

사막으로 간 대주교

IX
성경의 정경화

"성경을 이해하고자 하는 이에게
가장 필요한 것은 기도다."
– 오리게네스Origenes –
⟨Epistula ad Gregorium, 3⟩

정경과 외경

이미 일흔 살에 이른 아타나시우스가 생애 마지막 시기에 남긴 큰 족적은 성경의 정경화에 관한 것이다. 아타나시우스는 흔히 아리우스파에 맞서 삼위일체론의 정통 신앙을 지켜낸 인물로 기억된다. 그러나 그에 못지않게 중요한 발자취는 제대로 알려져 있지 않다. 그것은 오늘날 우리가 보는 신약 성경의 범위를 확정적으로 공포한 사람이 바로 아타나시우스라는 점이다. 그는 당시 수많은 유사 문헌들 가운데 그리스도의 가르침을 올바르게 전하고 있는 27권을 정경正經Canon biblicus으로 발표함으로써 또 한 번 신앙의 순수성과 복음의 정통성을 지켰다. 그때가 367년으로 아타나시우스가 다섯 번의 도피 끝에 마지막으로 알렉산드리아의 대주교직에 복귀한 이듬해였다.

오늘날 '정경'의 의미로 쓰이는 카논Canon이라는 어휘는 이미 신약

사막으로 간 대주교

성경에도 등장한다. 사도 바오로는 〈갈라디아서〉와 〈고린토2서〉에서 이 말을 쓰고 있다.* 그러나 그 의미는 '법칙', '한도', '범위'라는 뜻으로 사용된다. 카논을 정경이라는 의미로 처음 사용한 사람은 아타나시우스다.[169] 그는 신약 정경에 포함되지 않는 〈헤르마스의 목자 Pastor Hermae〉**의 한 구절을 인용하면서 "비록 이 책은 정경Canon은 아니지만"[170]이라고 덧붙인다. 그렇다면 이 편지를 쓴 시기351년~355년 사이에 이미 신약의 정경이 어느 정도 확립되어 있었다고 볼 수 있다.

오늘날의 성경은 구약Vetus Testamentum이 39권, 신약Novum Testamentum이 27권으로 모두 66권으로 구성되어 있다. 이것은 신·구교가 공통으로 인정하는 정경의 목록이다. 가톨릭교회는 이에 더하여 개신교가 인정하지 않는 구약 7권을 추가로 정경으로 인정한다. 그 7권은 〈토비트〉, 〈유딧〉, 〈지혜서〉, 〈집회서〉, 〈바룩〉, 〈마카베오기〉 상·하권이다.***

구약의 〈에스델서〉와 〈다니엘서〉는 신·구교가 모두 인정하는 정경이지만 내용면에서는 차이가 있다. 즉 개신교의 것은 가톨릭보다 길이가 짧다. 가톨릭 〈에스델서〉의 11장 이하 부분, 〈다니엘서〉의 3장 일부분24절~90절과 13~14장은 개신교에는 없다. 정경에 속할 수 없는 별도의 작품으로 본다는 뜻이다.

정경이 있다는 것은 곧 정경에 포함되지 않는 책들도 있다는 뜻이

---

* 갈라 6,16; 2고린 10,13.15
** 2세기 중엽에 출간된 묵시 문학 작품이다. (Hermas, 《목자》, 하성수 역주·해제, 분도출판사, 2002 참조)
*** 그리스 정교는 〈토비트〉, 〈유딧〉, 〈지혜서〉, 〈집회서〉를 정경으로 인정한다. 따라서 구약 정경은 43권이다.

다. 이런 유사 문헌들을 가리켜 외경外經apocrypha 또는 위경僞經 pseudepigrapha이라 한다. 외경을 뜻하는 아포크리파apocrypha는 '숨겨진' 또는 '감춰진'이라는 뜻의 그리스어 형용사다. 초대 교회에서 이 말은 '이단적 내용이거나 출처가 불분명한'이라는 부정적 의미로 사용되었다. 정경이 확립된 이후에는 정경에 속하지 않는 모든 유사 문헌들을 아포크리파로 불렀다.[171]

일반적으로 개신교의 구약 외경은 기원전 2세기부터 기원후 1세기 사이에 쓰인 열네다섯 권의 책들을 말한다. 여기에는 앞서 제시한 가톨릭의 정경 7권이 포함된다. 이 7권은 1957년 발간된 영어 개역 표준성경RSV의 분류에 따르면 11권이 된다. 이밖에 〈제1에스드라The First Book of Esdras 불가타 성경의 '제3에즈라'와 같다〉, 〈제2에스드라The Second Book of Esdras 불가타 성경의 '제4에즈라'와 같다〉, 〈므나쎄의 기도The Prayer of Manasseh〉, 〈예레미야의 편지The Letter of Jeremiah〉 등 4권이 보태진다. 〈예레미야의 편지〉는 종종 〈바룩〉의 마지막 장으로 취급되기도 한다. 이 경우 개신교의 구약 외경은 14권이 된다.[172]

이밖에도 신·구교 모두 정경으로 인정하지 않는 구약시대의 문헌들이 더 있다. 〈에녹The Book of Enoch〉, 〈솔로몬의 시편The Psalms of Solomon〉 등 여러 작품들이 여기에 속한다. 이런 문헌들을 따로 가리켜 개신교에서는 위경이라고 한다. 즉 개신교의 위경은 정경은 물론 외경에도 포함되지 않는 구약시대의 문헌들을 뜻한다.

가톨릭은 정경에 속하지 않는 책들을 통칭하여 외경이라고 한다. 즉 가톨릭에서 외경이라고 할 때는 개신교의 외경과 위경 가운데 가

사막으로 간 대주교

톨릭이 정경으로 인정하는 7권을 뺀 나머지 작품들을 모두 가리킨다. 이 7권만을 별도로 지칭할 때는 제2경전deuterocanonicus이라고 하지만, 그리 마땅한 용어는 아니다. 가톨릭의 입장에서 제1경전과 제2경전은 똑같은 경전일 뿐 군이 구분할 필요가 없기 때문이다.

성경의 정경화를 살펴보는 데 유용한 것은 메츠거Bruce M. Metzger의 질문이다. 프린스턴 신학교의 신약학 교수인 그는 이렇게 묻는다. "정경은 권위 있는 책들의 수집인가, 권위 있게 수집한 책들인가?"[173] 즉 정경의 결정이 책 자체의 권위 때문인지, 아니면 권위 있는 결정 때문인지를 묻는다. 그리고 다른 곳에서 이렇게 대답한다. "정경 자체가 지닌 권위를 능가하는 인간적·외부적 권위는 있을 수 없다."[174]

이런 관점에서 성경의 정경화를 어떤 한 인물의 공으로 돌리거나 특정한 회의의 결론으로 보는 것은 옳지 않을 것이다. 신앙의 전통 속에서 자연스럽게 권위를 확보한 책들을 정경으로 수용하고 추인한 것으로 보아야 한다. 이것은 신·구약이 마찬가지다.

구약의 정경화

구약은 애초에 히브리어로 기록된 유대인들의 문헌이었다. 유대 민족의 역사 속에서 기록된 율법서Torah와 예언서Nevim, 성문서Ketuvim 등이 구약을 구성한다. 이런 문헌들은 율법서인 모세 5경Pentateuchus을 제외하고는 각기 독립적인 문서로 흩어져 있다가 점차 한 권으로 묶여 유대교의 경전인 히브리어 정경Biblia Hebraica이 된 것이다. 기원전 5세기경에 율법서가 먼저 정경이 되고 이어서 예언서와 성문서가 뒤따랐다.[175]

그리스도교의 입장에서 보면 의미 있는 첫걸음은 '70인역Septuaginta'의 탄생이다. 히브리어 정경의 그리스어 번역본을 말한다. 이 번역 작업은 프톨레마이오스 2세Ptolemaeos II(기원전 285~246) 시절인 기원전 3세기 중엽 알렉산드리아에서 이뤄졌다. 이 도시 건설 초기부터 정착한 유대인들은 점차 히브리어보다 그리스어에 더 익숙하게 되었다. 그리스어는 당시의 세계 공용어였다. 그들에게는 그리스어로 된 유대교 경전이 필요했다.[176]

70인역 성경의 탄생에는 번역의 우수성을 뒷받침하는 전설이 따른다. 유대인 12지파에서 각각 6명씩 모두 72명의 학자를 선발해 72일 동안 파로스 섬의 각자 독립된 공간에서 독자적인 번역을 시켰는데, 나중에 맞춰보니 한 치의 오차도 없이 일치했다는 것이다.* 그만큼 정밀한 번역이라는 뜻일 것이다.

처음 번역된 것은 율법서였다. 이어서 1세기 이상에 걸쳐 예언서나 성문서 같은 전통적인 유대교 경전들이 속속 번역되었다. 이에 더하여 좀 더 후대에 처음부터 그리스어로 쓰인 몇몇 작품들도 추가되었다. 오늘날의 관점에서 보면 신·구교가 공통으로 인정하는 구약 정경 39권은 물론 개신교 외경을 대부분 포함한다.** 이렇게 하여 완성

---

* 신·구약 중간시대의 문헌인 〈아리스테아스의 편지The letter of Aristeas〉가 이런 일화를 전한다. (김정훈, 《칠십인역 입문》, 바오로딸, 2009. 참조)

사막으로 간 대주교

된 70인역은 헬레니즘 문화권의 유대인 경전으로 자리 잡았다. 그리고 예수 시대 이후 유대인 개종자를 중심으로 형성된 초기 그리스도 공동체도 이를 그대로 받아들였다. 신약 성경에서 구약을 인용하는 경우, 대부분 히브리어 원전이 아니라 이 70인역에서 인용한다.

70인역의 등장은 역으로 그때까지 정경의 범위가 다소 불분명하던 유대교 경전을 엄밀히 확정하는 계기가 되었다. 전통 유대교 입장에서 볼 때 그리스 문화권의 70인역 가운데는 히브리 원전이 없거나 출처가 애매해 정경으로 인정할 수 없는 작품들도 섞여 있었기 때문이다.

유대인 랍비들은 90년 지중해 연안에 있는 얌니아Jamnia에서 회의를 열어 엄격한 정경의 기준을 마련했다. 이때의 기준이 무엇이었는지는 모호하다. 후대의 연구에 의하면 예언적 직능으로서 영감靈感이 가장 중요했고, 시기적으로는 모세Moses 이후 알렉산드로스 대왕기원전 356~323 때까지를 인정했다.[177] 이런 기준에 따라 대체로 에즈라 시대 이후의 작품들, 처음부터 히브리어로 기록되지 않은 책들의 경전성이 거부되었다.

얌니아 회의 이후 히브리어 정경에 관한 논란이 완전히 사라진 것은 아니다. 이후에도 정경에 관한 논란이 이어지다가 3세기 초쯤 최종 모습을 갖춘 것으로 본다.[178] 오늘날 유대교의 히브리어 정경은 모두 24권이다. 이 24권은 신·구교가 공통으로 인정하는 구약 39권과

** 70인역에는 개신교 외경의 〈제2에스드라(불가타 성경의 제4에즈라)〉가 없다. 개신교 위경인 〈제3마카베오〉와 〈제4마카베오〉가 포함되기도 한다. 포함되는 외경의 숫자는 사본에 따라 다르다. (Metzger, *An Introduction to the Apocrypha*, p. 176 참조)

같다. 예언서 일부를 한 권으로 묶는 등 편제와 순서가 다를 뿐이다.

유대교의 이런 결정은 그리스도교 안에서 논란이 되었다. 70인역에 들어있는 일부 작품의 정경성이 문제가 되었기 때문이다. 그러나 대다수 초대교회 교부들은 70인역의 권위를 지지했다. 즉 유대교가 인정하지 않은 책들도 정경으로 받아들인 것이다. 결과적으로 70인역은 유대교의 경전 자격을 박탈당하고, 대신 그리스도교의 구약 정경으로 자리 잡았다.

그 후 5세기 초에 신·구약 성경의 라틴어 번역본인 불가타 성경Biblia Vulgata이 나오면서 70인역은 시대적 소명을 다했다. 서방 교회는 이때부터 70인역을 멀리하고 불가타 성경을 애용했다. 그러나 그리스어에 익숙한 동방 교회는 비잔티움 시대 내내 70인역을 구약 정경으로 사용했다. 불가타 성경은 개신교의 구약 외경을 모두 포함한다. 그러나 이 성경의 번역자인 히에로니무스는 성경 각권의 첫머리에 붙인 주註를 통해 정경과 외경을 구분하는 태도를 보였다. 그는 정경과, 교훈적이지만 교리를 정하는 데 사용되어서는 안 되는 외경의 근본적인 차이를 주장했다.[179]

정경의 권위는 종교개혁과 함께 도전을 받았다. 마르틴 루터Martin Luther(1483~1546)는 1534년 독일어 번역 성경을 내면서 구약을 정경과 외경으로 구분했다. 그는 유대교의 히브리어 정경에 있는 39권만 정경으로 인정하고, 불가타 성경에 포함된 나머지 책들은 외경으로 분류해 구약 뒤편에 부록으로 붙여 놓았다. 그러고는 외경 서문에서 "외경 - 성경과 동등하지는 않지만 읽어서 유익한 책"으로 정의했다.[180] 이것은 불가타 성경의 권위를 거부하고, 히브리어 정경을 우위에 둔 것이다. 이후 발간된 개신교의 성경은 점차 외경을 빼고 구약 39권과 신약 27권만으로 인쇄하게 되었다.

가톨릭교회는 이에 대응해 1545년에 소집된 트렌토 공의회Concilium Tridentinum에서 불가타 성경의 권위를 교회 차원에서 공식 인준했다. 즉 구약 일부를 외경으로 보는 개신교의 견해를 거부한 것이다. 그러나 그때까지 불가타 성경에 들어 있던 〈제3에즈라RSV 외경 분류에 따르면 제1에스드라〉, 〈제4에즈라RSV 외경 분류에 따르면 제2에스드라〉, 〈므나쎄의 기도〉에

1590년대에 출간된 불가타 성경
교황 식스토 5세 때 개정작업을 시작하여 교황 클레멘스 8세 때 출간되었다. 흔히 식스토-클레멘스판으로 불린다.

대해서는 정경의 지위를 부여하지 않았다. 이리하여 1592년에 출판된 공식 불가타 성경은 이 세 권을 구약에서 떼어내 신약 뒷부분에 부록으로 처리했다. 그렇게나마 붙여둔 것은 소홀히 다루다가 '아예 사라져 버리지 않도록' 하려는 뜻이었다.[181] 이로써 개신교의 구약 외경 14권 가운데 11권가톨릭의 분류에 따르면 7권만 가톨릭의 정경 자격을 유지하고 3권은 제외되었다.

신약의 정경화

신약의 경우 신·구교 사이에 정경의 범위에서 차이가 없다. 따라서 신약 외경이라는 용어가 가리키는 대상도 똑같다. 신약의 정경화 과 정은 좀 더 복잡하다. 당연한 말이지만 초기 그리스도교에는 '신약 성경'이 존재하지 않았다. 오늘날의 신약 성경은 4복음서와 사도들 의 서간, 사도들의 행전, 요한묵시록을 포함한 27권으로 구성된다. 27권의 신약 성경은 한날한시에 만들어지지 않았다. 예수 그리스도 사후에 곧바로 완성된 형태로 등장한 것이 아닌 것이다. 대체로 1세 기 중엽에서 2세기 중엽 사이[182]에 각기 다른 장소에서, 다른 필요에 의해 여러 기록자가 기록한 것이다.

또한 당시에는 27권 외에도 다른 복음서, 다른 서간, 다른 행전, 다 른 묵시록도 많이 나돌았다. 너도나도 사도들의 이름을 빌어 저작을 시도했다. 경건하고 교화적인 작품도 있었지만, 출처가 모호하거나, 수준이 한참 떨어지는 위작, 졸작들도 많았다. 복음서라고 예외는 아 니었다. 이단적 주장을 뒷받침하거나 불경스러운 작품들도 적지 않 았다. 현재까지 남아 있는 외경 복음서의 목록을 대강 살펴보는 것만 으로도 그 사정을 짐작할 수 있다.

베드로 복음 / 마르코의 비밀 복음 / 이집트인들의 복음 / 히브리인 들의 복음 / 토마 복음 / 에비온파 복음 / 나자렛파 복음 / 야고보 유 년기 복음 / 토마 유년기 복음 / 진리의 복음 / 니코데모 복음 … *

이는 다 열거하지 못한 것이다. 메츠거에 따르면 신약 외경들은 대부분 2세기에서 8세기 사이에 쓰였다. 복음서를 모방한 것이 가장 많고, 사도들의 서간을 모방한 것이 가장 적다. 일반적으로 신약 외경의 저자들은 정경의 부족한 부분을 보완하려고 했다. 정경의 4복음서는 예수의 유년기와 청소년기, 십자가 처형 이후 무덤에서 보낸 사흘간의 체험 등에 대해 아무것도 말해주지 않는다. 이런 당연한 호기심과 경건한 상상력을 만족시키기 위해 몇몇 외경 복음서들이 저술되었다. 〈사도행전〉 역시 몇몇 사도들의 선교활동만을 전해줄 뿐이다. 이에 따라 다른 사도들의 활동을 전할 목적으로 〈안드레아 행전〉, 〈토마 행전〉, 〈필립보 행전〉 등이 저술되었다.[183] 영화 〈쿼바디스〉의 소재가 된 "쿠오 바디스 도미네Quo vadis Domine 주여 어디로 가시나이까?" 라는 베드로 사도의 절절한 체험은 바로 외경인 〈베드로 행전〉에 나오는 내용이다.

아타나시우스가 살았던 4세기 무렵에도 이미 상당한 외경 문헌들이 있었을 것이다. 이러한 문서들이 여기저기 단편의 형태로 초기 그리스도교 공동체 안에 흩어져 있었다. 아직 어느 것이 정경인지는 확립되지 않았다. 이단과 정통이 서로 편리한 대로 그리스도의 말씀을 내세웠지만, 이를 가려줄 권위는 부족했다.

초기 교회의 교부들은 이런 혼란스러운 상황에서 교회를 지키고, 신자들을 올바른 믿음으로 이끌기 위해 권위 있는 정경을 확립해야 할 필요를 절실히 느꼈을 것이다. 오늘날의 27권 정경 목록이 최초로

---

* 외경 복음서의 분류와 작품명은 《신약 외경 (상권 : 복음서)》(송혜경 역주, 한님성서연구소, 2009)를 따랐다. (pp. 47~51)

공포된 것은 예수 그리스도 사후 3세기가 지난 367년의 일이다. 아타나시우스가 그해 부활 축일 서신을 통해 교회가 그 권위를 인정하는 책 27권의 목록을 발표한 것이다.

367년 예수 부활 대축일을 앞두고 보낸 39차 서신은 단편으로만 남아 있는데, 여기에 구약 22권과 신약 27권의 정경 목록이 실려 있다. 아타나시우스는 여기서 처음으로 교회가 권위를 부여하는 정경과 그 밖에 읽을 가치가 있는 문서, 배척받아야 할 문서를 구분해 제시한다.

흥미로운 것은 그가 구약 정경으로 22권만 인정했다는 것이다. 이 것은 오늘날 신·구교가 공통으로 인정하는 구약 39권과 거의 같다.* 당시에 라틴어 불가타 성경은 아직 없었고, 유대교의 히브리어 정경과 그리스어로 된 70인역 구약이 있었다. 두 경전의 차이는 오늘날의 관점에서 보면 외경의 포함 여부다. 아타나시우스는 구약 외경을 거 부하는 히브리어 정경에 더 무게를 싣고 있는 셈이다. 이는 16세기 종교개혁가 루터의 입장과 일치한다. 아타나시우스는 이어서 신약을 말한다.

> "다시 신약에 대하여 말하는 것이 지루하지는 않을 것입니다. 먼저 4 복음서로 마태오, 마르코, 루가, 요한 복음이 있습니다. 다음으로 사 도행전과 '보편적catholicus'이라 부를 만한 편지 7편이 있습니다. 그 것은 야고보의 편지 1편, 베드로의 편지 2편, 요한의 편지 3편, 유다

---

* 아타나시우스의 구약 정경에는 〈바룩〉이 포함되고 〈에스델〉이 빠진다.

의 편지 1편입니다. 이에 더하여 바오로의 서간 14편이 있습니다. 로마서, 고린토1,2서, 갈라디아서, 에페소서, 필립비서, 골로사이서, 데살로니카1,2서, 히브리서, 디모테오1,2서, 디도서, 그리고 마지막으로 필레몬서가 있습니다. 그밖에 요한 묵시록이 있습니다."[184]

아타나시우스가 알렉산드리아 대주교의 권위로 선포한 신약 27권은 오늘날 우리가 보는 신약 성경과 정확히 일치한다. 다만 성경 각권의 배열순서가 좀 다를 뿐이다.

물론 신약 정경 27권을 아타나시우스가 어느 날 아침에 혼자서 독단적으로 뚝딱 결정한 것은 아니다. 신약 성경에 속하는 사도들의 서간과 복음서들은 초대 교회 이래 교회 안에서 전해지면서 이미 그리스도의 가르침을 전하는 경전으로서 상당한 권위를 확보하고 있었다.

신약 27권 가운데 가장 먼저 쓰인 것은 사도 바오로의 서간들이다. 바오로 사도는 지중해 연안을 두루 다니며 곳곳에 교회 공동체를 일궈낸 열정의 선교사였다. 이미 설립한 교회와는 지속적으로 소식을 주고받으며 공동체에 생긴 문제를 보고받고 해결책을 제시했다. 데살로니카 신자들이 종말론에 빠져 일하기를 포기했을 때, 고린토 신자들이 당파 싸움에 빠졌을 때, 예루살렘 교회를 위한 모금이 필요할 때, 심지어 도망쳐온 노예를 주인에게 돌려보낼 때도 그는 편지를 썼다. 감옥에서 쓴 편지도 있고, 선교여행 중에 쓴 것도 있다. 교회 공동체에 보낸 것도 있지만, 특정한 수신인이 정해진 편지도 있다. 그런 구체적인 편지들이 한데 모여 장구히 보존되고, 교회의 보배로운 성경이 되리라고는 바오로 사도도 미처 예상하지 못했을 것이다.

그러나 이 편지들은 초기부터 교회 공동체 안에서 소중하게 취급되었고, 바오로 사도도 편지 마지막에 그런 당부를 잊지 않았다.

나는 주님의 이름으로 여러분에게 부탁합니다. 이 편지를 꼭 모든 교우에게 읽어주십시오. (1데살 5,27)

여러분이 이 편지를 읽고 나서는 라오디게이아 교회도 읽게 해주시고, 또 라오디게이아 교회를 거쳐서 가는 내 편지도 꼭 읽어주십시오. (골로 4,16)

사도 바오로의 편지는 그가 설립한 교회 공동체에서 모임이 있을 때마다 큰 소리로 낭독되었다. 당시에는 문맹률이 아주 높았기 때문에 낭송은 공동체 모임의 중요한 절차였다. 당시 교회의 낭송 문화를 짐작하게 하는 장면이 순교자 유스티누스S. Iustinus(100/10경~165)의 글에 남아 있다.

일요일에는 도시나 교외에 사는 모든 사람들이 한 곳에 모였다. 우리는 시간이 있는 대로 사도들의 회고록이나 선지자들의 글을 읽었다. 낭독자가 읽기를 마치면 모임의 대표가 모두에게 그러한 덕행을 본받도록 설교하고 권장했다.[185]

사막으로 간 대주교

여기서 '사도들의 회고록'은 바오로 서간 등을 지칭하는 것으로 보이고, '선지자들의 글'은 구약의 경전을 뜻하는 것으로 보인다. 이로 미루어 2세기 중엽에 이미 사도들의 서간이 구약과 거의 동등한 지위를 확보한 것으로 보인다. 사도들의 서간은 이처럼 초기부터 교회 안에서 성경으로의 권위를 얻어가다가 나중에 정경으로 확정된 것이다.

복음서 즉 예수 그리스도의 말씀과 행적을 담고 있는 문헌들은 사도들의 서간보다는 조금 늦게 출현했다. 초기 교회는 복음서를 필요로 하지 않았다. 예수 그리스도를 직접 목격한 생생한 증인들이 복음 전파의 주역이었기 때문이다. 그러나 선교지역이 넓어지고, 시간적으로 그들의 시대가 다하면서 직접 증언은 종언을 고했다. 그때쯤 문서로 기록된 예수의 가르침 즉 복음서가 필요해진 것이다.

신약 성경에 포함된 네 복음서 가운데 가장 먼저 쓰인 것은 〈마르코 복음〉으로 본다. 이어서 〈마태오 복음〉와 〈루가 복음〉이 나오고, 마지막에 〈요한 복음〉이 출현했다. 이 복음서들은 예수 그리스도의 생생한 육성과 제자들의 증언을 담아냈기에 처음부터 교회 안에서 상당한 권위를 확보했을 것이다.

아타나시우스 이전에도 이미 신약의 정경화를 위한 모색이 있었다. 2세기 중엽의 인물인 마르키온Marcion(†160경)은 구약의 폐기를 주장하면서 11권만으로 된 신약 정경을 만들었다. 그가 선정한 11권은 〈루가 복음〉과 사도 바오로의 서간 10권이다. 그는 바오로의 서간 가운데 디모테오Timotheus(†97)에게 보낸 두 권의 서간과 디도Titus(†96?)에게 보낸 서간을 제외시켰다. 이를 마르키온 정경이라고 한다.

마르키온은 단지 11권의 정경을 선택하는 데 그치지 않고, 내용면에서도 마음에 들지 않는 부분들을 마구 삭제해 버렸다. 그는 구약의 폐기를 주장했기 때문에 바오로의 서간에서 구약과 관련된 부분은 죄다 빼버렸다. 〈루가 복음〉에서도 예수의 탄생, 세례 요한의 탄생, 예수의 세례, 족보, 광야에서의 유혹, 베들레헴과 나자렛 관련 부분, 예수의 부활 등을 모조리 삭제해 버렸다.[186]

이러한 마구잡이 편집은 주류 교회의 강력한 반발을 샀다. '라틴 신학의 창시자'라는 평을 듣는 테르툴리아누스Tertullianus(160경~220이후)는 그를 가리켜 "펜이 아닌 칼을 쓰고 있다"[187]고 비난했다. 그는 결국 교회로부터 파문당했다. 오늘날 마르키온에 대한 평가는 대체로 부정적이다. 그러나 놓쳐서는 안 될 것이 있다. 그가 바로 처음으로 신약의 정경과 외경을 구분하려고 시도했다는 점이다. 다시 말해 당시에 나돌던 수많은 유사문헌들 가운데 순수하고 경건한 것과 그렇지 않은 것을 가려내 명확히 구분하려는 시도에서 그는 선구적이었다. 물론 목적의 순수성이 결과의 오류까지 덮지는 못한다.

마르키온 정경은 대략 140~150년경으로 본다. 그보다 조금 늦게 타티아누스Tatianus(120경~172이후)의 〈디아테사론Diatessaron〉이 출현했다. 이것은 4복음서를 발췌해 하나의 복음서로 만든 것이다. 〈디아테사론〉은 오늘날 남아 있지 않지만 그 내용을 짐작해보는 것은 그리 어려운 일이 아니다. 가령 대천사 가브리엘이 마리아에게 나타나 예수 그리스도의 잉태를 예고하는 장면은 〈마르코 복음〉에만 나온다. 동방 박사들의 방문과 헤로데의 유아 살해 이야기는 〈마태오 복음〉에만 있다. 그 유명한 산상 설교는 〈마태오 복음〉과 〈루가 복음〉에만 있다. 간음한 여인을 구한 감동적인 이야기는 〈요한 복음〉에만 나온다. 〈디아테사론〉은 이처럼 4복음서에 흩어져 있는 예수 그리스도의 가르침과 일화를 한데 모아 생애 순서에 따라 재배열한 것이 아니었을까?

실제로 〈디아테사론〉은 시리아인 에프렘Ephraem(306경~373)이 남긴 주석서 등 여러 자료를 바탕으로 전반적인 재구성이 가능하다고 한다. 이를 통해 4복음서를 자유롭게 발췌하고 일부 외경의 사료들까지 활용해 내용을 보완한 것임을 알 수 있다.[188] 〈디아테사론〉은 5세기까지 동방 교회의 전례에 사용되었다. 저술 시기는 불분명하지만 대략 170년경으로 본다. 그렇다면 이 시기에 이미 4복음서가 정경으로서 권위를 확보했다고 볼 수 있다.

18세기 이탈리아의 뛰어난 신학자 겸 주교인 루도비코 안토니오 무라토리L. A. Muratori(1672~1750)는 1740년 밀라노의 암브로시우스 도서관에서 신약의 정경 목록을 포함하고 있는 7, 8세기 라틴어 사본을 발견해 출판했다. 이 문서는 앞뒤가 파손된 채 85행으로 구성되어 있는데, 그 중에 4복음서를 포함한 신약 성경 22권의 목록을 전하고 있다. 라틴어 철자와 문법에 오류가 많은 점과 문법적 구성 등으로 볼 때 그리스어 원본을 번역한 것으로 추측한다.

이 원본의 저자는 알 수 없다. 원본 저술 시기와 장소도 불분명하다. 마르키온과 교황 비오 1세S. Pius I(†155 재임 140~155)가 언급되어 있는 것으로 미루어 그 시기 이후가 된다. 180년경 로마에서 쓰였다는 것이 정설이지만, 4세기에 동방에서 기록되었다는 주장이 새롭게 제기되었다. 만일 전자의 주장이 맞는다면 신약 정경의 문제를 공적으로 다룬 최초의 문서가 된다. 아타나시우스의 부활 축일 서신보다 200년 가까이 앞서는 것이다. 이 22권의 목록을 사본 발견자의 이름을 따서 무라토리 정경Canon Muratori이라 한다.[189]

마르키온, 디아테사론, 무라토리 정경의 존재는 신약 정경이 어떤 확고한 권위에 의해, 처음부터 또는 어느 한 순간에 확정 선포된 것이 아님을 말해 준다. 그것은 사도 시대 이후 몇 세기에 걸쳐 형성되는 과정에 있었다. 특히나 마르키온 정경과 〈디아테사론〉은 성경을 얼마든지 편집 가능한 텍스트로 보았다는 점에서 놀랍다. 그것은 성경을 토씨 하나 건드릴 수 없는 고정된 텍스트로 보는 오늘날의 관점에서 보면 가히 혁명적이다.

아타나시우스의 신약 정경화는 이러한 작업의 연장선상에 있다. 그는 마르키온 파문도 알고 있었고, 〈디아테사론〉도 펼쳐볼 수 있었다. 그는 27권의 신약 정경 목록을 나열한 뒤 확신에 찬 목소리로 말한다.

> "이 책들은 구원의 샘이다. 여기에 들어있는 살아있는 말씀은 목마른 자들을 만족시킬 것이다. 오직 이 경전들에서만 신성한 가르침이 선포된다. 어느 누구도 여기에 무엇을 더하거나 빼서도 안 된다."[190]

이러한 신약 정경 목록은 올바르고 합당한가? 혹시 꼭 들어가야 할 작품이 빠지고, 자격 미달의 작품이 들어가지는 않았는가? 교회사를 음모론의 시각에서 바라보고 싶어 하는 사람들은 간혹 예수에 관한 엄청난 비밀이 숨겨진 문헌들이 의도적으로 정경 목록에서 배제되고 소멸되었다고 주장한다.

20세기 성서학계에는 경천동지할 만한 두 가지 큰 발굴이 있었다. 하나는 1947년부터 사해死海 쿰란Qumran 지역의 여러 동굴에서 잇따라 발견된 수백 편의 양피지 두루마리 문서인 '사해 사본'이다. 또 하나는 이보다 2년 앞선 1945년 이집트 나그함마디Nag Hammadi에서 발견된 50여 편13권의 파피루스 필사본을 가리키는 '나그함마디 문서'다. 전자는 구약 성경을 포함한 구약 시대의 문헌과 신구약 중간시대의 유대교 문서들이고, 후자는 신약 시대의 작품들이다. 특히 나그함마디 문서는 파코미우스의 제자들인 케노보스키움Chenoboscium 수도원의 수도승들이 은닉한 것으로 추정한다. 그들은 수도원에 있던 필사본 책들을 항아리에 넣고 밀봉한 채 수도원에서 조금 떨어진 사막의 절벽 밑에 묻었다.

그들은 왜 이 책들을 숨겼을까? 아마도 아타나시우스의 확정적인 신약 정경 목록 발표 이후, 신앙을 어지럽히는 잡다한 불온 문서들을 소각하라는 명령이 내려졌을 것이다. 수도승들은 이 명령을 그대로 따랐지만 어떤 사려 깊은 생각 때문에 소각보다는 매장을 택했을 것이다. 숨겨진 문서들은 모두 콥트어 필사본들이고, 대체로 영지주의 gnosticismus 영향을 받은 작품들로 평가한다.

그렇다면 이 나그함마디 문서들 가운데 신약 정경 자격이 충분한데도 누락된 것으로 볼 만한 작품이 있는가? 혹자는 예수의 어록만을 기록한 〈토마 복음〉의 정경 자격을 주장한다. 4복음서에 이어 제5복음으로 볼 만하다는 것이다. 〈토마 복음〉은 영적인 깨달음을 강조한다는 점에서, 사랑을 핵심 메시지로 전하는 기존의 4복음서와는 분위기가 확연히 다르다. 관점에 따라 다르겠지만 정경에 속할 수 없었던 이유가 분명해 보인다.*

아타나시우스의 신약 정경에 대한 최고의 평가도 만만치 않다. 메츠거는 "'하느님의 섭리providentia Dei' 안에서 이뤄진 거룩한 다스림의 결과"라고 평한다.[191] 다스만Ernst Dassmann은 "경전에 속한 작품 가운데 없어도 되는 작품은 없다"고 말한다. 어느 한 작품을 빼놓으면 하느님의 계시啓示revelatio 내용은 그만큼 불완전해진다는 것이다. 그는 나그함마디 필사본 가운데 어떤 작품도 정경 수준에는 이르지 못했다고 평가한다.[192]

아타나시우스가 선포한 신약 27권의 목록은 동·서방의 대부분 교회에서 받아들여졌고, 그리스도교 안에 정경으로 뿌리를 내렸다. 구약은 이미 70인역을 통해 정경 범위가 확정되어 있었다. 이 구약과 신약을 합쳐서 성경Biblos이라고 부른 것은 요한 크리소스토무스S. Ioannes Chrysostomus(349/50~407)가 처음이다.

---

* 〈토마 복음〉은 한글 번역본이 출간되었다. (오강남, 《또다른 예수》, 위즈덤하우스, 2009)

사막으로 간 대주교

성경의 본문

정경은 목록이라는 관점 못지않게 본문이라는 관점도 중요하다. 정경은 교회가 공식적으로 권위를 인정하는 성경이므로 그 내용과 자구字句에 있어서도 오류를 최대한 배제해야 한다.

성경은 물론 영감에 의해 기록된 하느님의 말씀이지만 그 전승은 불완전한 인간의 손을 거쳤다는 점을 상기할 필요가 있다. 당시에는 인쇄술이 없던 시절이므로 성경의 전파와 전승은 필사에 의존할 수밖에 없었다. 구약을 비롯해 신약 시대에 저술된 사도들의 서간이나 복음서들은 모두 파피루스나 양피지에 필사되어 교회 안에 퍼져나가고 후대로 전달되었다.

이 과정에서 필사자의 실수 또는 고의에 의한 숱한 오류가 끼어들 수밖에 없었다. 현존하는 수만 개의 성경 사본들은 필사 과정의 무수한 오류들을 보여준다. 단순한 실수에서부터 의도적인 첨삭 편집까지 유형도 다양하다. 어느 한 사본도 완전히 같은 것이 없을 정도다.

이러한 필사의 오류는 초기 교회에서도 문제가 되었을 것이다. 성경의 원본 즉 사도들이 직접 쓴 편지나 복음사가들이 직접 쓴 복음서가 보존되어 있다면 아무 문제가 되지 않았을 것이다. 그러나 4세기 중엽만 해도 이미 사도들이 활약하던 시대로부터 300년이나 지난 시기였다. 원본이 어느 시기에 사라졌는지 분명하지 않지만 이 시기에 이미 원본이 없어졌을 가능성이 높다.

또 한 가지 문제는 번역의 오류다. 구약의 원문은 히브리어와 부분적인 아람어Lingua Aramaica, 신약은 코이네 그리스어Lingua Graeca Koine로 저술되었으므로, 이 언어권 밖의 사람들은 성경을 원문 그대로 읽을 수 없었다. 특히 로마를 비롯해 라틴어를 주로 사용하는 지역의 교회에서는 성경을 제대로 이해할 수 없었다. 부분적인 라틴어 번역이 나돌았지만 조잡한 번역도 적지 않았다.

교회는 이러한 혼란에 대응할 필요가 있었다. 목록뿐만 아니라 번역의 오류까지 배제한 권위 있는 정경을 만들고자 했다. 교황 다마수스 1세S. Damasus I(305~384 재임 366~384)는 382년 당대 최고의 학자인 히에로니무스에게 교회가 권위를 인정할 수 있는 라틴어 성경을 만들도록 지시했다.

히에로니무스는 384년 신약의 네 복음서를 번역한 것을 시작으로 약 20년에 걸친 작업 끝에 405년에 신·구약 성경의 라틴어 번역을 완료했다. 〈시편〉을 제외한 구약은 히브리어에서 직접 번역했고, 신약은 이미 번역되어 있던 라틴어 역본譯本을 그리스어 원본과 대조해서 정정했다고 한다. 이를 불가타Vulgata 성경이라 한다. 불가타란 '일반의', '공통의'라는 뜻으로 '일반에게 널리 보급된 성경'이라는 의미다.

불가타 성경은 아타나시우스가 제시한 신약 27권 체제를 그대로 수용했고, 오랫동안 권위 있는 본문으로 인정받았다. 흔히 불가타 성경을 '고대나 중세 때 사용된 라틴어 성경' 정도로 알고 있는데, 이는 잘못이다. 현재 가톨릭교회의 공식 성경은 이 불가타 성경의 개정판인 새 불가타 성경Bibliorum Sacrorum Nova Vulgata Editio이다. 옛 불가타 성경의 본문을 히브리어, 그리스어 본문과 대조해 더 정밀하게 다듬은 것으로, 보통 '노바 불가타Nova Vulgata'로 부른다.*

16세기 이후 인쇄술의 보급과 종교개혁의 영향으로 다양한 언어의 번역 성경이 출현했다. 이때부터 성경은 라틴어의 영향에서 벗어나 최초의 언어로 돌아가려는 경향을 보였다. 오늘날 발간되는 대부분의 번역 성경은 구약의 경우 히브리어 정경, 신약은 그리스어 성경을 번역 대본으로 삼는다. 이것은 가톨릭의 성경도 마찬가지다. 히브리어 정경은 가장 권위 있는 마소라Massora 본문이 확립되어 있으므로 비교적 논란의 소지가 적다. 이 본문은 가장 완벽한 히브리어 정경을 후손들에게 물려주고자 했던 유대인 학자들의 노력으로 6세기에서 10세기 사이에 확립된 것이다.

현대에 오면서 수많은 성경 사본에 나타난 본문의 차이를 비교 연구하는 본문비평학의 발달로 성경의 본문은 더 엄밀해지고 있다. 이 학문은 지금까지 발견된 수많은 사본의 본문을 비교분석해 사본의 전승 과정과 필사 연대를 추정한다. 이를 통해 그 사본의 모본母本이 된 전단계의 사본을 유추하고, 사본의 가계도를 그려 나간다. 궁극적으로 가장 원본에 가까운 사본을 찾아내고, 그로부터 가장 원문에 가까운 본문을 재구성하려는 시도다.

이런 작업으로 언젠가 잃어버린 성경 원문의 복원이 가능할 것인가? 그리고 그렇게 복원된 원문 성경은 지금 우리가 읽고 있는 성

---

* 1979년 교황 요한 바오로 2세Ioannes Paulus II에 의해 공식 반포되었다. 교황청 홈페이지에서 원문을 볼 수 있다.

IX 성경의 정경화

경과는 얼마나 다를 것인가? 가령 간음한 여인의 이야기가 빠져버린 〈요한 복음〉을 받아들일 수 있는가? "너희 중에 누구든지 죄 없는 사람이 먼저 저 여자를 돌로 쳐라."(요한 8.7) 재치가 넘치고, 사랑과 교훈이 가득한 이 훌륭한 일화가 놀랍게도 명백히 후대의 삽입이라는 사실은 본문비평학자들에게는 상식에 속한다. 현존하는 대단히 오래되고 매우 훌륭한 〈요한 복음〉 사본에는 공통적으로 이 이야기가 없다.*

사실 성경의 권위를 절대적인 것으로 받아들여 온 대다수 그리스도인들에게는 이런 논의 자체가 낯설고 당혹스럽다. 특히 성경은 그 글자 하나하나까지도 하느님의 영감으로 기록되었다는 축자逐字 영감설, 성경에는 오류가 있을 수 없다는 성경 무오無誤설을 주장하는 이들에게는 불쾌하기 짝이 없는 도발일 수 있다. 그러나 성경의 권위와 그 전승 과정의 인간적 불완전함을 구분한다면 그리 놀랄 일은 아닐 것이다.**

---

* 주석註釋을 제공하는 대다수의 성경은 〈요한 복음〉 7,53~8,11에서 이미 이런 설명을 제시하고 있다. 후대의 삽입이 곧 허무맹랑한 조작을 의미하는 것은 아니다. 〈요한 복음〉과는 다른 경로로 전승된 이야기로 본다.

** 본문비평에 의한 성경 연구는 가톨릭교회의 지지를 받는다. 교황 레오 13세(Leo XIII, 재임 1878~1903)는 1893년 회칙 〈최상 섭리의 하느님Providentissimus Deus〉에서 건전한 본문비평의 활용을 장려했다. 교황 비오 12세Pius XII, 재임 1939~1958는 1943년 회칙 〈성령의 영감Divino afflante Spiritu〉에서 가톨릭 성서 주석가들에게 '영감받은 본문'을 회복하고 설명함에 있어 다른 학문적인 방식 못지않게 본문비평의 방식을 사용할 것을 강력히 권장했다.

X

최후의 승리

"진리는 거짓보다 먼저 있었고,
오류는 정통보다 나중에 온 것이다."
-테르툴리아누스Tertullianus -
〈Adversus Praxeam, II〉

의로운 삶 복된 죽음

마지막 도피를 끝내고 복귀한 366년 이후 아타나시우스는 사망할 때까지 알렉산드리아의 대주교직을 지켰다. 이 7년간의 시기에 그는 정통파의 영수로서 니케아 신앙이 교회의 정통으로 확고히 자리 잡도록 마지막 열정을 바쳤다.

368년에 그는 주교 서품 40주년을 맞았다. 이를 기념해 그는 알렉산드리아에 새 성전을 건축했다. 370년에 완공된 이 성전은 그의 이름을 딴 기념 성당으로 헌정되었다.[193]

생의 마지막 시기에 그는 이미 지상에서의 삶보다 하늘나라를 동경했다. 373년의 마지막 축일 서신은 짧은 단편으로 남아 있다.

우리 모두 희생을 다하고, 가난한 이들에게 베풀면서, 거룩한 곳으로 갑시다. 예수께서는 우리에게 영원히 속죄 받을 길을 마련해 주시고, 우리보다 앞서 그곳으로 들어가셨습니다. … 우리는 서로 낯설었으나 이제 벗이 되었습니다. 서로 다른 곳에서 왔지만 성인들과 같은 나라의 시민이 되었고, 천상 예루살렘의 자녀로 불리움을 받고 있습니다. … 우리가 그곳으로 오기를 기다리시는 주님께서는 우리를 위해 새롭고 영원한 길을 준비하셨습니다.[194]

그는 373년 5월 2일 일흔다섯의 나이로 사망했다. 일생에 걸친 고난에 비하면 편안하고 복된 죽음이었다. 정통 신앙의 최후 승리를 지켜보지는 못했으나 그 승리를 믿어 의심치 않았을 것이다. 그는 328년 서른의 나이로 알렉산드리아의 대주교좌에 앉았으니 재직기간이 46년이나 된다. 그 가운데 20년 가까운 세월을 추방과 도피와 은거로 보냈다.

아타나시우스의 행적을 추적하는 데 큰 도움을 주는 자료가 있다. 추방과 복귀의 역사를 연대기적 관점에서 정리한 자료 〈아케팔라 역사Historia Acephala〉다. 작성자를 알 수 없는 이 자료는 1738년 이탈리아 베로나의 한 도서관에 소장된 라틴어 자료 속에서 발견되었다. 앞부분이 잘려나가 '머리가 없다'는 뜻으로 이런 이름이 붙었다. 작성 시점은 아타나시우스의 후임자를 언급하고 있는 것으로 보아 4세기 말경으로 추정된다. 이 자료는 부활 축일 서신의 수집가가 정리한 색인과 함께 아타나시우스의 생애를 복원하는 데 소중한 정보를 제공한다. 이 자료에서 우리는 아타나시우스가 대주교직에서 쫓겨난 기간이 모두 17년 6개월 20일이라고 결론지을 수 있다.[195]

아타나시우스는 자신에게 닥친 이 고난을 어떻게 이해했을까? 어떤 자세로 수난을 받아들이고 이겨냈을까? 마치 스스로에게 말하는 듯 그의 인생관을 보여주는 권고가 부활 축일 서신 속에 들어 있다. 이 서신은 2차 추방으로 로마에 체류 중이던 341년 봄에 쓴 것이다.

사랑하는 여러분, 원수가 우리를 괴롭힐 때 오히려 고통 속에서 기뻐해야 한다는 것(로마 5,3)은 무슨 의미입니까? 우리가 박해를 받을 때 절망하지 않고, 오히려 '우리 주 예수 그리스도 안에서 하늘로 부르시는 상'(필립 3,14)을 받기 위해 나아가야 한다는 것은 무슨 뜻입니까? 모욕을 받았을 때 성내지 않고, 오히려 때리는 사람에게 뺨을 내밀고 고개를 숙여야 한다는 것은 무슨 이유입니까? … 우리는 진리를 위해 고난을 감수하고, 주님을 거부하는 사람들이 우리를 박해한다는 것을 알고 있으니, 형제 여러분, 야고보 사도의 말씀대로 "갖가지 시련에 빠지게 되면 그것을 다시없는 기쁨으로 여기십시오. 여러분도 알고 있듯이, 우리의 믿음이 시험을 받으면 인내가 생깁니다."(야고 1,2-3) 고통의 시간 속에 구원이 온다는 것을 기억하면서, 형제 여러분, 부활 축일을 맞듯이 기뻐합시다. 우리 구세주께서는 아무런 수고도 없이 우리를 구원하신 것이 아닙니다. 오히려 우리를 위해 수난을 당하심으로써 죽음을 물리치셨습니다. 그분은 일찍이 우리에게 말씀하셨습니다. "너희는 세상에서 고난을 겪을 것이다."(요한 16,33)

그분은 이를 누구에게나 말하지 않고, 오히려 당신을 열심히 섬기는 사람들에게 말씀하셨습니다. 당신을 따라 거룩하게 살려는 사람들이 박해를 받을 것임을 미리 아셨기 때문입니다.[196]

그의 고난과 투쟁은 그대로 교회사의 한 페이지가 된다. 그는 시대의 한복판을 헤치며 치열하게 살았다. 진리가 그에게 신세를 졌다. 일찍이 아타나시우스의 교회사적 위치에 주목한 뉴먼John Henry Newman은 이렇게 말한다. "그는 그리스도 교회의 거룩한 진리를 세상에 전해 온 사도들의 후예 가운데 가장 위대한 도구였다."

아타나시우스는 서방 교회가 꼽는 '동방의 위대한 교회학자doctores ecclesiae' 네 명 가운데 하나다. 이것은 아타나시우스를 향한 존경이 동·서방 교회를 가리지 않음을 보여준다. 1568년 교황 성 비오 5세S. Pius V(재임 1566~1572)가 이를 선포했다.*

아타나시우스가 죽은 뒤 정통 신앙의 수호자 역할은 카파도키아 출신의 세 교부가 이어받았다. 대 바실리우스와 그의 동생인 니사의 그레고리우스, 바실리우스의 학우學友인 나지안주스의 그레고리우스가 그들이다. 이들은 신학과 교회를 위한 그들의 위치와 역할 때문에 '세 명의 위대한 카파도키아 사람'으로 불린다. 카파도키아는 오늘날

---

* 나머지 세 명은 '황금의 입(金口)'이라는 별칭으로 유명한 요한 크리소스토무스, '대大'라는 존칭이 붙는 대 바실리우스S. Basilius Magnus (329/30~379), 나지안주스의 그레고리우스다. 서방의 위대한 교회학자로는 암브로시우스S. Ambrosius (339~397), 아우구스티누스, 히에로니무스, 교황 대 그레고리우스S. Gregorius Magnus (540?~604 재임 590~604)가 있다. 교회학자는 이 8명 이후에 꾸준히 추가돼 지금은 모두 32명이다.(한국 가톨릭 대사전: 교회학자 참조)

X 최후의 승리

의 터키 중심부 지역이다. 특히 카이사리아의 주교인 대 바실리우스가 지도적인 역할을 했다.

최후의 승리

니케아파의 최종 승리를 확인하기까지는 아직 몇 걸음이 더 남았다. 발렌티니아누스는 375년, 발렌스는 378년에 숨졌다. 발렌티니아누스의 뒤를 이어 그의 두 아들인 그라티아누스Gratianus(359~383)와 발렌티니아누스 2세Valentinianus II(371~392 재위 375~392)가 제국 서방을 다스렸다. 두 인물이 가진 정치적, 교회적 의미는 거의 없다. 다만 그라티아누스는 동방의 황제 발렌스가 고트족과의 전투에서 불에 타 숨지자 테오도시우스라는 의외의 인물을 발탁해 제국 동방을 맡기는 놀라운 용단을 내렸다. 제국의 생존과 방위를 위한 이 결단은 결과적으로 탁월한 선택이었다. 테오도시우스는 제국 깊숙이 들어와 분탕질을 일삼던 고트족을 물리치고 방위를 안정시켰다.

테오도시우스 황제는 395년 사망할 때까지 17년 동안 제국을 실질적으로 통치했다. 발렌티니아누스의 두 아들이 제국 서방을 다스릴 때조차도 사실상 그는 동·서방을 총괄하는 황제였다. 그는 정통 신앙의 위세가 강한 스페인에서 태어나 자랐지만, 황제가 될 때까지 세례를 받지는 않았다. 황제로서의 재위는 전선에서 시작되었다. 379년 1월 19일 도나우 강 방위선에 가까운 시르미움에서 로마군 병사

사막으로 간 대주교

들에게 황제로 소개되었다. 재위 첫 해를 전선을 누비며 보낸 그는 그해 겨울이 되자 과로가 겹쳤는지 몸져누웠다. 생사의 기로를 헤매던 중에 테살로니카Thessalonica의 주교로부터 세례를 받았다. 신의 도움이었을까? 씻은 듯이 병이 나았다.[197]

　꼭 이 때문은 아니겠지만, 그는 로마제국의 그리스도교화에 마침표를 찍었다. 그리스도교를 제외한 모든 종교를 사교邪敎로 규정하고, 그 제의祭儀를 금지하는 법령을 공포했다. 원로원senatus은 전통적으로 로마인들이 최고의 신으로 숭배해온 유피테르Iuppiter 대신 그리스도를 택한다는 결의를 채택했다. 모든 신전과 사당이 폐쇄되었고, 그 자리에 성당이 세워졌다. 이로써 그리스도교는 제국의 국교가 되었다. 이때문에 테오도시우스 황제는 콘스탄티누스에 이어 두 번째로 '대제'라는 존칭을 받는다. 황제 스스로 주교 앞에 무릎을 꿇고 고해성사를 하기도 했다. '테살로니카 대학살'로 불린 잔혹한 진압을 참회하며 용서를 청한 것이다. 8개월이나 황제를 압박해 무릎 꿇게 한 밀라노 주교의 이름이 암브로시우스라는 것도 기억할 만하다.

　또한 그의 치세는 한 세기를 물들인 이단과 정통의 싸움이 정통의 궁극적 승리로 귀결된 시기이기도 하다. 그는 니케아 신앙만을 정통으로 인정하고, 이단을 엄중히 탄압하는 칙령을 내렸다. 또 오랜 세월 아리우스파가 장악해온 수도 콘스탄티노플의 대주교를 정통파로 바꾸었다. 쫓겨난 인물은 데모필루스, 새로운 대주교는 나지안주스의 그레고리우스였다. 아리우스파의 실질적인 생명은 이 시기에 끊어졌다.

테오도시우스의 이런 조치는 황제의 명령으로서 제국 전역에 파급되었지만, 신학적으로까지 완결된 것은 아니었다. 신앙의 문제는 모든 주교들이 참석하는 보편 공의회를 통해 정리되어야 했다. 테오도시우스는 381년 콘스탄티노플에서 그리스도교 역사에서 두 번째 보편 공의회를 개최함으로써 삼위일체론을 둘러싼 교리논쟁을 매듭지었다.

395년 테오도시우스의 사망과 더불어 격동의 4세기가 막을 내린다. 또 로마제국의 역사도 사실상 거기서 끝난다. 그의 두 아들은 각각 동로마와 서로마를 물려받았고, 두 영토는 다시는 합쳐지지 않았다. 서로마제국은 476년 게르만족 출신 용병대장 오도아케르Odoacer(433~493)에 의해 멸망했고, 동로마비잔티움제국은 그 뒤로도 1000년을 더 존속했다. 물론 동로마 또는 비잔티움 제국이라는 명칭은 후대에 붙여진 것이고 당대에는 여전히 로마제국이라는 국호를 사용했다. 1453년 오스만 제국의 제7대 술탄 메흐메트 2세Mehmet II(1432~1482)가 콘스탄티노플을 함락시킴으로써 제국은 종말을 맞았다.

콘스탄티노플 공의회

이제 콘스탄티노플 공의회의 결론을 들여다봄으로써 한 세기에 걸친 교리 논쟁이 어떻게 귀결되었는지 살펴야 할 때다. 이 공의회는 325년에 열린 니케아 공의회로부터 56년 뒤에 열렸다. 니케아 공의회가 채택한 니케아 신경은 반세기의 격랑 속에서 아리우스파를 비롯한 숱한 이단들의 도전을 받았다. 성자의 신성 문제는 여전히 논쟁거리였고, 성령의 신성을 부인하는 주장들도 나타난 상태였다. 니케아 신경에 사용된 어휘들의 의미에 대해서도 많은 논란이 제기되어 있었다. 특히 새 수도가 있는 제국 동방에서는 니케아 신앙이 전반적으로 약세였다. 정통파 주교들은 교리 문제를 말끔히 정리하고 정통 신앙을 확고히 정립하기 위해 테오도시우스 황제에게 공의회 소집을 건의했다.

테오도시우스 황제는 고트족과의 전선을 누비다가 즉위 2년이 다 된 380년 11월 24일에야 수도 콘스탄티노플로 입성했다. 그는 곧바로 공의회 소집을 명했다. 381년 5월부터 7월까지 계속된 이 회의에는 동방 교회의 주교 186명이 참석했다. 이 가운데 36명은 성령의 신성을 부정하는 마케도니우스파Macedoniani였는데, 회의 도중에 퇴장했다. 서방 교회는 아예 대표를 파견하지 않았다.[198]

콘스탄티노플 공의회는 니케아 신경의 정통성을 다시 한 번 확인하면서, 이를 수정 보완한 새로운 신경을 승인했다. 이를 니케아—콘스탄티노플 신경Symbolum Nicaeno-Constantinopolitanum이라 한다. 그 전문은 다음과 같다.*

---

* 이 신경의 한글 번역은 한국 가톨릭교회의 미사통상문(Ordo Missae)에서 옮겨 적었다. 이 신경은 콘스탄티노플 공의회보다 먼저 또는 나중에 성립되었다는 견해도 있다.

한 분이신 하느님을 저는 믿나이다. 전능하신 아버지, 하늘과 땅과 유형무형한 만물의 창조주를 믿나이다.

또한 한 분이신 주 예수 그리스도, 하느님의 외아들, 영원으로부터 성부에게서 나신 분을 믿나이다. 하느님에게서 나신 하느님, 빛에서 나신 빛, 참 하느님에게서 나신 참 하느님으로서, 창조되지 않고 나시어 성부와 한 본체로서 만물을 창조하셨음을 믿나이다. 성자께서는 저희 인간을 위하여, 저희 구원을 위하여 하늘에서 내려오셨음을 믿나이다. 또한 성령으로 인하여 동정 마리아에게서 육신을 취하시어 사람이 되셨음을 믿나이다. 본시오 빌라도 통치 아래서 저희를 위하여 십자가에 못 박혀 수난하고 묻히셨으며 성경 말씀대로 사흘날에 부활하시어 하늘에 올라 성부 오른편에 앉아 계심을 믿나이다. 그분께서는 산 이와 죽은 이를 심판하러 영광 속에 다시 오시리니 그분의 나라는 끝이 없으리이다.

또한 주님이시며 생명을 주시는 성령을 믿나이다. 성령께서는 성부와 성자에게서 발하시고 성부와 성자와 더불어 영광과 흠숭을 받으시며 예언자들을 통하여 말씀하셨나이다.

하나이고 거룩하고 보편되며 사도로부터 이어 오는 교회를 믿나이다. 죄를 씻는 유일한 세례를 믿으며 죽은 이들의 부활과 내세의 삶을 기다리나이다. 아멘.

사막으로 간 대주교

이 신경에는 325년 니케아 공의회 이후 반세기에 걸친 신학적 · 교의적 발전이 녹아 있다. 전반적으로 그리스도에 대한 신앙고백을 부연, 강화하고 성령을 성부, 성자와 대등한 존재로 기술했다. 두 신경을 맞대놓고 비교해 보면 차이가 명료해진다.

우선 그리스도의 육화에서 성령의 역할과 마리아의 동정 수태 조항 '성령으로 인하여 동정 마리아에게서' 이 새로이 삽입되었다. 또한 그리스도의 수난과 죽음을 훨씬 더 구체적으로 기술함으로써 그 사실성과 역사성을 강조한다. '본시오 빌라도 통치 아래서 저희를 위하여 십자가에 못박혀 수난하시고 묻히셨으며' 그리스도의 재림에 대해서도 심판자 외에 통치자로서의 기능이 부가되었다. '그분의 나라는 끝이 없으리이다'

니케아 신경은 성부와 성자와 성령 가운데 유독 성자에 대한 신앙고백을 길게 서술한다. 논쟁의 핵심이 바로 성자의 신성神性 문제였기 때문이다. 반면 성령에 대해서는 "그리고 우리는 성령을 믿는다."는 한 문장으로 끝냈다. 성령론은 당시로서는 특별한 의제가 아니었음을 반영한다. 그러나 니케아 공의회 이후 성령의 신성을 부정하는 성령적대론파Pneumatomachi까지 출현했으므로 이에 대한 분명한 입장을 정리할 필요가 있었다. 니케아-콘스탄티노플 신경은 성령도 '주님'임을 고백하고, 성부, 성자와 대등하게 놓는다.

니케아 신경의 핵심 문장인 "그분은 창조되지 않고 나셨으며, 아버지와 본질에서 같으시다."라는 부분은 니케아-콘스탄티노플 신경으로 그대로 승계되었다. 한글 번역에서는 "창조되지 않고 나시어 성부와 한 본체로서"라는 표현으로 바뀌었지만, 그리스어 원문은 동일하다.

이로써 신·구교, 동·서방 교회를 가리지 않고 모든 그리스도교가 인정하고 받아들이는 니케아-콘스탄티노플 신경이 완성되었다. 이 신경은 처음에는 동방 교회에서, 나중에는 서방 교회에서도 세례나 미사 중의 신앙고백문으로 채택되었다. 이 신경의 권위는 오늘날까지 살아 있다. 라틴 전례와 동방 전례 모두 전례 중 신앙고백 순서에서 이 신경으로 신앙을 고백한다. 라틴 전례에서는 이보다 짧은 사도신경Symbolum Apostolicum으로 대체되기도 한다.

한 세기에 걸친 정통과 이단의 싸움에서 정통은 최후의 승리를 거두었다. 역사는 승리자에게 정통orthodoxia이라는 월계관을 씌워 주었다. 예수 그리스도를 신앙의 대상으로 하는 그리스도교의 정체성은 이 신경에서 나온다.

그는 누구인가

한 인간이 아무리 훌륭하다고 해도 인간적·시대적 과오에서 완전히 결백할 수는 없다. 그런 의미에서 아타나시우스의 삶에도 시대의 얼룩은 묻어 있을 것이다. 아타나시우스를 상찬하는 평가는 대체로 교회사적 시각이다. 정통 신앙을 향한 그의 신학적 입장을 중시한 것이다. 교회나 교회사가의 입장에서 그의 개인적·인간적 특성들은 별로 중요하지 않았다. 이단에 맞서 정통을 지켜낸 그의 공로가 다른 모든 결점을 덮어버린 것이다. 이로부터 한 걸음 비켜난 곳에서 그를 바라본다면 그는 어떤 인물일까? 우선 그는 지나치게 권력 지향적이고 정치적인 성직자는 아니었을까? 그 권력을 얻고, 유지하고, 강화하기 위해 폭력과 손잡지는 않았을까?

현대의 일부 연구자들은 그동안 가려져 있던 그의 인간적 면모에 대해 보다 냉정한 평가를 시도한다. 어느 학자[Timothy D. Barnes]의 평가에는 '마피아', '갱'이라는 단어까지 나온다. "아타나시우스는 교회 마피아를 조직해 자신의 지위를 뒷받침했다. 나중에는 원하기만 하면 폭동을 사주할 수도 있었고, 도시 행정의 질서를 방해할 수도 있었다. 그는 황제와는 무관하게 독자적인 권력을 가지고 있었고, 그 권력은 폭력으로 유지되었다. 현대의 갱들처럼 널리 불신을 사면서도 완전한 결백을 주장했다."[199]

아타나시우스를 마피아 두목으로 묘사한 이런 평가는 가혹하지만 어느 정도 타당한 의문을 반영한다. 그의 삶에서 몇몇 대목은 분명 이러한 평가의 단초를 제공한다. 다만 이를 온전히 그의 성향 탓으로 돌린다면 그 또한 그리 공정한 시각은 아닐 것이다. 어찌 보면 그의 진면목은 오히려 이런 부정적인 평가를 통해 역설적으로 드러난다. 그는 치열한 수단으로 황제와 맞섰지만 황제와 타협하지는 않았다. 당시 황궁 주변을 맴돌았던 대표적인 정치적·권력 지향적 주교들을 우리는 알고 있다. 아타나시우스는 그렇게 하지 않았다. 그가 만일 아리우스주의와 타협했더라면, 황제의 요구를 적절히 수용했더라면, 훨씬 더 안락한 삶과 더 큰 권력이 보장되었을지 모른다. 그는 편한 길을 외면하고 고난의 투쟁을 선택했다.

아타나시우스가 매우 청렴하고 고매한 인품의 소유자였는지에 대해서도 의문을 품을 수 있다. 그는 정말 '덕德 그 자체인 사람'[S. Gregorius Nazianzenus]이었는가? 대주교가 된 이후 제기된 갖가지 혐의들은 정말 모두 무죄인가? 부패 같은 도덕성에 관한 혐의들은 모두 비열한 음해일 뿐인가? 이런 혐의들은 당시에도 충분히 석명釋明되지 못한 문제인 만큼, 이제 와서 공정한 심판관을 자임하기는 어렵다. 다만 염두에 두어야 할 것은 그가 매우 금욕적이고 엄격한 자기 절제 속에 살았다는 평가가 남아 있다는 점이다. 이것이 비록 그에게 우호적인 그리스도교 사가들의 평가라 하더라도 완전히 무시하기는 어렵다. 그에게는 분명 수도자의 일면이 있었다.

어떤 의미에서 그는 당대 교회 안팎의 상황을 헤쳐 나가면서 매우 합법적 수단만을 사용한 것은 아닌지도 모른다. 때로는 황제의 권력을 이용하고, 때로는 군중의 힘을 부추기면서 상황을 헤쳐 나갔다. 어떤 때는 권력에 맞섰고, 어떤 때는 권력을 이용하면서, 조금씩 세속 권력의 습성에 젖어 들었다. 필요하면 과감하고 효과가 빠른 수단을 통해 대세를 장악하는 것을 주저하지 않았다. 이 모든 것을 교회를 보호하고 신앙의 정통성을 수호하려는 거룩한 싸움의 연장선에서 이해할 수 있을까? 시대를 끌어안고 깊이 고뇌해보지 않은 사람으로서는 선뜻 답하기 어렵다.

마지막으로 그는 지나치게 파당派黨적 사고에 몰입되지 않았는가? 자신이 믿는 진리 외에는 모조리 이단으로 몰아붙이는 흑백논리의 소유자는 아니었는가? 진리의 세계는 오직 흑黑과 백白만 있을 수 있

사막으로 간 대주교

는 칼날 위의 공간인가? 그는 상반되는 주장을 끌어들여 용광로처럼 녹여냄으로써 교회 일치에 기여할 수는 없었을까? 이런 질문에 대한 아타나시우스의 대답이 들려오는 듯하다 "진리는 결코 타협하지 않습니다. 거짓과 뒤섞인 진리는 더 이상 진리가 아닙니다. 거짓과 오류의 기초 위에 성聖 교회가 서 있을 수는 없습니다."

고차원의 철학 논쟁이 결국은 파당으로 귀결하는 사례는 우리 역사에서도 찾을 수 있다. 퇴계退溪 이황李滉(1501~1570)과 율곡栗谷 이이李珥(1536~1584)의 이기론理氣論 논쟁이 그러하다. 이기론과 삼위일체론은 여러 측면에서 흥미로운 비교 관점을 제공한다.

퇴계는 우주 궁극의 원리를 이理와 기氣로 파악하는 주희朱熹(1130~1200)의 성리학을 계승하면서, 여기서 한 걸음 더 나아가 기보다 이를 우선하는 주리론主理論적 이기이원론理氣二元論을 확립했다. 그는 '이가 발하면 기가 따르고, 기가 발하면 이가 올라탄다理發而氣隨之 氣發而理乘之'는 이기호발설理氣互發說을 제시함으로써 이가 기를 지배하는 주리론의 개념을 분명히 했다.*

퇴계보다 35년 뒤에 태어난 율곡은 퇴계의 이기호발설理氣互發說을 한번 더 궁구窮究하여, 근원적 변화의 실체를 기로, 그 까닭을 이로 보는 주기론主氣論적 이기일원론理氣一元論을 정립했다. 그는 '대저 발하는 것은 기요, 발하게 하는 것은 이니, 기가 아니면 발할 수 없고, 이가 아니면 발할 까닭이 없다大抵發之者氣也 所以發者理也 非氣則不能發 非理則無所

---

* 退溪先生文集 卷之十六 答奇明彦 (論四端七情 第二書)

X 최후의 승리

發'는 기발이승일도설氣發理乘一途說을 제시함으로써 주기론의 세계관을 열었다.*

율곡이 '기氣가 아니면 발發할 수 없고'라고 한 것은 '이理가 발發하면'이라고 한 퇴계의 사상을 통렬하게 극복한 것이다. 율곡은 이 서술 이후에 다음과 같은 자신만만한 문장을 덧붙인다. '발지이하이십삼자發之以下二十三字는 성인부기聖人復起하여도 불역사언不易斯言이라.' 즉 앞서 서술한 스물세 글자는 성인이 다시 살아온다 해도 결코 고칠 수 없다는 것이다. 소름이 오싹 끼칠 만큼 자신만만한 태도가 아닌가?

이처럼 확신에 가득 찬 율곡도 퇴계를 스승으로 여기고 학문적으로 존경하는 깍듯한 예우만은 잃지 않았다. 율곡은 퇴계를 직접 찾아가 문답을 나누고, 이로부터 여러 차례 편지를 주고받는 학문적 교류를 계속했다. 조선 유학儒學의 기개를 세계에 드높인 두 학자는 이처럼 우주의 진리를 놓고 양보할 수 없는 논리를 펼치면서도 서로를 존경하고 아끼는 아름다운 모습을 연출했다.

논쟁의 성격이 다르고 역사의 시공간이 다르다 해도, 삼위일체 논쟁에서 이처럼 진지한 토론과 아름다운 교류를 찾아볼 수 없는 것은 유감이 아닐 수 없다. 사막의 황량한 풍토만큼이나 거칠고 삭막하다고 하면 지나친가?

물론 퇴계와 율곡의 고매한 이론도 결국은 파당으로 귀결되었음은 우리가 아는 바와 같다. 퇴계는 동인東人, 율곡은 서인西人의 종주宗主로

---

* 栗谷先生全書 卷之十 答成浩原 (壬申)

사막으로 간 대주교

자리매김하면서, 그 학통學統 속에서 남인, 북인, 노론, 소론으로 복잡하게 얽히는 당파 정치의 빌미가 되었다. 우주의 진리가 현실정치 속에서 권력 획득의 수단으로 타락하는 것은 동서고금이 마찬가지인가?

여러 세기의 격차를 두고 아타나시우스의 삶을 재량하기는 여전히 어렵다. 시대의 격랑을 온 몸으로 헤쳐나간 아타나시우스로서는 후세의 평가 자체를 그다지 두려워하지 않을 것이다. 니케아 신앙은 니케아 공의회 이후 곧바로 소수로 전락했다. 요즘 말로 하면 '근본주의', '원리주의' 딱지가 붙은 채 동방 교회의 주류에서 밀려났다. 콘스탄티누스 황제는 니케아 공의회가 끝난 지 3년도 안 돼 정통파를 압박하기 시작했다. 아타나시우스의 불굴의 투쟁이 없었다면 정통 신앙의 명맥은 위태로워졌을 것이다.

오늘의 관점에서 4세기를 돌아보면 당시 그리스도교는 크게 두 가지 도전에 직면해 있었다. 하나는 교회 내부에서 오는 이단과 정통의 대립이었고, 또 하나는 교회 밖에서 오는 권력의 간섭이었다. 아타나시우스가 서 있는 자리는 바로 이 두 가지 대립의 최전선이었다.

그는 생애를 바쳐 이단과의 싸움을 지휘했고, 이로 인해 '정통 신앙의 아버지'라는 칭호를 얻었다. 이는 보통 상찬의 평으로 통하지만 양면성이 숨어 있다. 시각을 달리하면 그만큼 신앙을 획일화시켰다는 의미도 된다. 그는 교리와 정경, 두 분야에서 초기 교회의 유연하고 다양한 믿음의 형태를 한 방향으로 몰아갔다. 이 작업은 설사 그가 아니어도 누군가 했을 터이니, 꼭 그의 과過로 지적할 수 있을지는 의문이다. 어쨌든 오늘날 우리는 외경을 쉽사리 접할 수 없게 되었다.

한편으로 그는 황제의 권력에 맞서며 교회를 지켰다. 황제의 간섭은 박해 시대를 벗어난 교회가 맞닥트린 전혀 새로운 위협이었다. 그것은 박해와는 정반대였지만, 본질적으로는 동일한 권력의 핍박이었다. 황제는 그리스도교의 최고 성직자를 자임하며 성직 임면에서부터 교회회의 소집, 교리 문제에까지 깊숙이 개입했다. 그리스도인들은 "카이사르의 것은 카이사르에게, 하느님의 것은 하느님에게(마르 12,17)"를 원했지만, 황제는 둘 다 원했다. 이는 결국 6세기 유스티니아누스 황제에 이르러 황제교황주의로 귀결된다. 만일 아타나시우스의 지난한 싸움이 없었더라면 동방 교회는 훨씬 더 일찍 황제의 수중에 떨어졌을 것이다.

아타나시우스와의 대화

아타나시우스의 삶에 대한 추적을 끝낸 지금, 보다 본질적인 질문과 대면할 수밖에 없다. 그가 그처럼 매달렸던 삼위일체는 과연 진리인가? 삼위일체를 향한 그의 절대적인 믿음은 도대체 어디에서 오는가? 아리우스주의는 과연 치명적인 오류인가? 예수를 아주 특별한 피조물로 보는 견해는 그리스도교 신학의 영역 안에서 설 자리가 없는가? 그러면 그리스도교의 존립 기반은 무너지고 마는가? 그리스도교의 제3천년기에도 삼위일체는 여전히 불변의 진리로 남을 것인가?

사실 그리스도교가 내세우는 삼위일체론은 이해 가능한 교리가 아니다. 그것은 그리스도교에 영광과 고립을 동시에 안겨주는 양날의 칼이다. 그리스도교를 가장 그리스도교답게 하는 핵심적인 교리인 동시에 그리스도교로의 접근을 가로막는 장벽이기도 하다. 그리스도교 문화권을 벗어난 지역의 보편적 상식인들은 이 교리를 이해하기도, 받아들이기도 어렵다. 그들에게 그리스도교는 한 인간을 숭배하면서, 그의 신격화를 위해 여러 가지 궤변을 늘어놓는 이상한 종교일 뿐이다. 어찌 우주만물의 창조주를 특정 종교가 독점할 수 있는가? 궁극적 절대자가 어찌 특정 종교의 신으로만 활동한다는 말인가? 오로지 그 한 종교 안에만 구원salvatio이 있다는 교리는 얼마나 배타적이고 독선적인가?

진리와 구원을 독점하고 있다는 그리스도교의 우월성은 근원적으로 예수가 곧 신이라는 삼위일체 교리와 맞닿아 있다. 예수를 믿으면 신을 받아들이는 것이고, 그렇지 않으면 신을 거부하는 것이 된다. 지구상의 수많은 종교들은 단지 지역 신, 민족 신, 아니면 잡다한 우상이나, 기껏해야 공자나 석가모니 같은 현인賢人을 숭배하는 신앙일 뿐이다. 현인의 가르침은 깨달음gnosis으로 안내할 뿐 구원을 약속하지는 못한다. 그것은 그리스도교와 차원이 다르다.

그리스도교의 이와 같은 배타성은 다른 종교와의 공존을 근원적으로 용인하지 않는다. '예수 천국 불신 지옥'의 구호는 일부 광신도의 주장이 아니라 그리스도교 교리 안에 내재하는 논리다. 지난 2000년 동안 제국주의의 물결을 타고 세계로 뻗어나간 그리스도교의 전교는 바로 이런 논리에서 출발한다.

역사의 가정假定 논법은 부질없지만, 만일 아리우스 신학이 대세를 장악하고 그리스도교의 정통으로 자리 잡았다면 어찌 되었을까? 그리스도교는 보다 겸손하고 열린 종교가 되었을까? 오직 자신만이 진리라는 독단에서 벗어나, 이웃 종교와의 평화로운 공존을 받아들였을까? 그런 의미에서 아리우스 신학이 다시 재조명되는 날이 올 수도 있을까?

이런 의문과 비판에 대해 아타나시우스는 어떤 답변을 내놓을 수 있을까? 아마도 그는 이런 질문을 회피하지도, 어려워하지도 않을 것이다.

문 : 대주교님께서 그처럼 진리로 확신해온 삼위일체는 사실 성서에도 없는 용어입니다. 인간은 오류를 범할 수 있고, 주교님도 인간입니다. 삼위일체가 진리라는 주교님의 강한 확신은 어디에서 오는 것입니까?

답 : 삼위일체는 물론 성서적인 용어가 아닙니다. 그러나 성경을 주의 깊게 읽는 사람은 누구라도 같은 결론에 이를 수 있습니다. 무엇보다 성부와 성자의 본질적 일치는 우리 주 예수 그리스도의 말씀 속에 분명하게 드러나 있습니다. 그분께서는 "아버지와 나는 하나다." (요한 10,30)라고 하셨고, 또 "아버지께서 내 안에 계시고, 내가 아버지 안에 있다"(요한 10,38)고 하셨습니다. 세례를 베풀 때는 "성부와 성자와 성령의 이름으로 베풀라"(마태 28,19)고 하셨습니다. 따라서

삼위일체는 성서로부터 나오는 자연스러운 결론입니다. 그것은 사도로부터 이어져온 거룩한 교회의 가르침입니다. 결코 누군가에 의해 만들어진 억지 논리가 아닙니다.

(만일 아리우스가 옆에 있다면 그는 틀림없이 이렇게 반박할 것이다. "그분께서는 또 이렇게 말씀하셨습니다. '아버지께서는 나보다 훌륭하신 분'(요한 14,28)이라고 하셨고, '내가 이루고자 하는 것은 내 뜻이 아니라 나를 보내신 분의 뜻'(요한 5.30)이라고도 하셨습니다. 십자가에 매달리셨을 때는 '나의 하느님, 나의 하느님, 어찌하여 나를 버리셨나이까?'(마르 15,34)라고 처절하게 부르짖으셨습니다. 성경을 주의 깊게 읽는 사람은 누구라도 아버지와 아들이 다르다는 결론에 이를 수 있습니다.")

문 : 아리우스주의가 신학의 주류로 자리 잡았다면 그리스도교가 좀 더 평화공존적인 종교가 되었을 것이라는 견해에 대해서는 어떻게 생각하십니까?

답 : 그것은 진주를 버리고 조개껍데기를 얻겠다는 어리석은 생각입니다. 길을 잃고 헤맬 때라도 목표 자체를 잃어 버려서는 안 됩니다. 방법의 잘못 때문에 목표를 비난해서도 안 됩니다. 무엇이 그리스도교의 보배로운 가치인지 정확히 알아야 합니다. 삼위일체는 우리 주 예수 그리스도의 신성과 관련된 핵심적인 가르침입니다. 그것을 포기하면 그리스도교는 더 이상 구원의 종교일 수 없습니다. 인간 예수

에게서 어찌 구속救贖 redemptio을 기대하겠습니까? 성자의 신성을 포기하고 도대체 무엇을 전하겠다는 말입니까? 미망迷妄에서 깨어나십시오. 진리를 잃은 평화공존은 달콤한 혼돈에 지나지 않습니다.

문 : 예수를 인간으로 볼 때 우리는 누구나 자신의 노력에 따라 예수와 같은 위대한 경지에 오를 가능성을 가질 수 있습니다. 그러나 예수를 신으로 볼 때 인간이 할 수 있는 일은 별로 없습니다. 그저 믿음과 기도를 통해 구원을 바랄 뿐이지요. 아리우스주의는 인간의 무한한 가능성을 열어 둔다는 점에서 앞으로 더 각광받지 않을까요?

답 : 그것이 바로 인간의 교만이고, 원죄의 뿌리라는 것을 모르지 않겠지요? 인간은 하느님으로부터 무한한 가능성과 자유를 부여받았지만, 단 한 가지 창조주 하느님과 똑같아지려는 욕망만은 가져서는 안 됩니다. 예수를 인간으로 보고 싶어 하는 관점의 밑바탕에는 아담이 가졌던 그와 같은 교만이 자리 잡고 있습니다. 악마의 영악성이 그와 같습니다. 인간은 스스로 위대해지려는 노력이 아니라, 오히려 우리 주님께서 모범을 보여주신 한없는 겸손과 낮춤kenosis을 통해서 구원을 얻을 수 있습니다.

삼위일체는 지난 2000년 동안 그리스도교를 지탱해온 강력한 힘이었다. 한편으로 그리스도교는 다른 종교와의 공존 속에 사랑과 평화의 가르침을 펴는 열린 종교이어야 한다. 새로운 천년기를 맞아 온

인류를 품어 안으려는 그리스도교에게 삼위일체는 힘이 될까, 짐이 될까? 어떤 의미에서 아리우스주의는 여전히 살아 있다. 그것은 예수를 위대한 인간으로 보고 싶어 하는 모든 경향을 대표한다. 돌아서기에는 너무 먼 길을 와버린 그리스도교는 앞으로도 삼위일체를 포기하지 않을 것이다.

| 주 |

I 알렉산드리아

1) Schaff, *History of the Christian Church, vol. III, (Nicene And Post-Nicene Christanity)*, Michigan : WM. B. Eerdmans publishing company, 1977. p. 886
2) Gibbon, 《로마제국쇠망사》 2, 윤수인 외 공역, 민음사, 2008, p. 227
3) Schaff, *ibid.*, p. 885
4) Gregorius Nazianzenus, *Oratio,* XXI,1, in *NPNF* 2-VII, p. 269
5) Clauss, 《알렉산드리아》, 임미오 옮김, 생각의 나무, 2004, p. 17
6) Socrates, *H.E.*, I,15, in *NPNF* 2-II, p. 20 (Socrates는 이 일화의 출처로 Rufinus를 제시한다. Rufinus, *H.E.*, I,14 참조.)
7) Anatolios, *Athanasius,* New York, NY : Routledge, 2004, pp. 3-4
8) Archibald Robertson, Prolegomena of *NPNF* 2-IV, p. xiv
9) Anatolios, *ibid,* p. 4
10) Gregorius Nazianzenus, *Oratio,* XXI,6, in *NPNF* 2-VII, p. 270
11) Athanasius, *Epistula ad Marcellinum.* (이 편지의 영어 번역문은 *The life of Antony and the letter to Marcellinus,* trans. by Robert C. Gregg, New York : Paulist Press, 1980, pp. 101-129 참조)
12) 한국가톨릭대사전 ; 부제

II 신성神性논쟁

13) Klaus Schatz, 《보편 공의회사》, 이종한 옮김, 분도출판사, 2005, p. 36
14) Schaff, *ibid.*, p. 620
15) Drobner, 《교부학》, 하성수 옮김, 분도출판사, 2001, pp. 210-211
16) Sozomenus, *H.E.*, I,15, in *NPNF* 2-II, p. 251
17) A. Robertson, Prolegomena of *NPNF* 2-IV, p. xv 및 Drobner, *ibid.*, p. 338
18) Socrates, *H.E.*, I,9, in *NPNF* 2-II, p. 14
19) Dassmann, 《교회사 I》, 하성수 옮김, 분도출판사, 2007, p. 239
20) Drobner, *ibid.*, pp. 338-339
21) Drobner, *ibid.*, pp. 339-340
22) A. Robertson, Prolegomena of *NPNF* 2-IV, p. xv
23) Socrates, *H.E.*, I,5, in *NPNF* 2-II, p. 3
24) Theodoretus, *H.E.*, I,4, in *NPNF* 2-III, p. 41 (압축 번역)

25) Athanasius, *De Synodis,* 16, in *NPNF* 2-IV, p. 458

26) Socrates, *H.E.*, I,6, in *NPNF* 2-II, pp. 3-4 (이 편지는 *ANF*-VI, pp. 296-299에도 실려 있다. 편지에 서명한 사제와 부제 80여 명의 명단이 첨부되어 있다.)

27) Schatz, *ibid.*, p. 36

28) Anatolios, *ibid.*, p. 10

29) Athanasius, *De Synodis,* 17, in *NPNF* 2-IV, pp. 458-459

30) Athanasius, *De Synodis,* 17, in *NPNF* 2-IV, p. 459

31) Drobner, *ibid.*, p. 324

32) Theodoretus, *H.E.*, I,3, in *NPNF* 2-III, p. 35 (이 부분의 영어 번역은 J. Stevenson, *A New Eusebius,* London : SPCK, c1990. pp. 328-329를 참조하였다.)

33) Gregorius Nyssenus, *De deitate Filii et Spiritus Sancti,* (W. H. C. Frend, *The Rise of Christianity,* Philadelphia : Fortress Press, 1989, p. 636)

34) Clauss, *ibid.*, p. 390

III 황제의 종교

35) Ernest Cushing Richardson, Prolegomena of *V.C.*, in *NPNF* 2-I, p. 411 (註 6-7)

36) Socrates, *H.E.*, I,17, in *NPNF* 2-II, p. 21

37) Eusebius, *Vita Constantini,* III,44-45 in *NPNF* 2-I, p. 531

38) 시오노 나나미,《로마인 이야기》13권, 김석희 옮김, 한길사, 2005, p. 207

39) Lactantius, *De Mortibus Persecutorum,* 44, in *ANF*-VII, p. 318

40) Eusebius, *Vita Constantini,* I,28, in *NPNF* 2-I, p. 490

41) Eusebius, *Vita Constantini,* I,29-30, in *NPNF* 2-I, p. 490

IV 니케아 공의회

42) Eusebius, *Vita Constantini,* IV,24, in *NPNF* 2-I, p. 546

43) Eusebius, *Vita Constantini,* II,69, 72, in *NPNF* 2-I, pp. 517-518

44) Jedin,《세계 공의회사》, 최석우 옮김, 분도출판사, 2005, p. 12

45) Schatz, *ibid.*, p. 5

46) Eusebius, *Vita Constantini,* III,6, in *NPNF* 2-I, p. 521

47) Schatz, *ibid.*, p. 39

48) Eusebius, *Vita Constantini,* III,10, in *NPNF* 2-I, p. 522

49) Eusebius, *Vita Constantini,* III,12, in *NPNF* 2-I, p. 523

50) Eusebius, *Vita* Constantini, III,13, in *NPNF* 2-I, p. 523

51) Schatz, *ibid.*, p. 40

52) Schaff, *ibid.*, p. 627 (註 2)

53) Socrates, *H.E.*, I,8, in *NPNF* 2-II, p. 11과 Theodoretus, H.E., I,11 in *NPNF* 2-III, p. 49

54) Socrates, *H.E.*, I,8, in *NPNF* 2-II, p. 10

55) Athanasius, *Letter* LIV, in *NPNF* 2-IV, p. 571

56) Eusebius, *Vita Constantini*, III,15, in *NPNF* 2-I, p. 524

57) Eusebius, *Vita Constantini*, III,16-21, in *NPNF* 2-I, pp. 524-526

V 총대주교

58) Drobner, *ibid.*, p. 357

59) Athanasius, *Orationes contra Arianos*, III,4 in *NPNF* 2-IV, p. 395

60) Athanasius, *Epistula ad Serapionem*, I,28, (이 편지의 부분적인 영어 번역문은 Anatolios, *Athanasius*, New York, NY : Routledge, 2004. 참조. pp. 227-228 인용)

61) *Festal Index*, III, in *NPNF* 2-IV, p. 503

62) Drobner, *ibid.*, p. 351

63) Schaff, *ibid.*, p. 277

64) Schaff, *ibid.*, pp. 271-274

65) Schaff, *ibid.*, p. 288

66) 한국가톨릭대사전 ; 동방교회

67) Schaff, *ibid.*, p. 273

68) Jesus Alvarez Gomez, 《수도생활 역사》I, 강운자 옮김, 성바오로, 2002, p. 84

69) Karl Suso Frank, 《기독교 수도원의 역사》, 최형걸 옮김, 은성, 1997, p. 43

70) Palladius, *Historia Lausiaca*, 32,8, trans. by Robert T. Meyer, in *The Lausiac History*, New York : Newman Press, 1964, p. 94

71) 파코미우스의 다른 전기는 이 첫 만남을 부인한다. 그리스어 전기에 따르면 아타나시우스는 배를 타고 나일강을 거슬러 올라가며 타벤네시 앞을 지나갈 뿐 배에서 내리지는 않는다. 파코미우스는 강변에 있는 군중 사이에 몸을 숨긴 채 멀리서 아타나시우스를 바라보았다. (남성현, 《기독교 초기 수도원 운동사: 파코미우스와 바실리우스》, 엠애드, 2006., pp. 87-88 참조)

72) Molley, *Champion of Truth*, Staton Island, NY : St. Pauls-Alba House, 2003, p. 33 (그는 A. Veilleux를 인용한다. Veilleux는 파코미우스의 콥트어 전기를 불어로 번역 출간했다.)

73) Eusebius, *Vita Constantini*, III,18, in *NPNF* 2-I, p. 524

74) Athanasius, *Festal letter*, I, in *NPNF* 2-IV, pp. 506-510

75) Drobner, *ibid.*, p. 340

76) Drobner, *ibid.*, p. 341

77) Socrates, *H.E.*, I,26, in *NPNF* 2-II, pp. 28-29

78) Drobner, *ibid.*, p. 310

79) Drobner, *ibid.*, p. 298

80) Athanasius, *Apologia contra Arianos,* 59, 71, in *NPNF* 2-IV, p. 131, 137

81) Anatolios, *Athanasius,* New York, NY : Routledge, 2004, p. 6

82) Sozomenus, *H.E.*, II,25, in *NPNF* 2-II, p. 275

83) Sozomenus, *H.E.*, II,25, in *NPNF* 2-II, p. 275

84) Socrates, *H.E.*, I,29, in *NPNF* 2-II, pp. 30-31

85) Athanasius, *Apologia contra Arianos,* 59, in *NPNF* 2-IV p. 132

86) Athanasius, *Festal letter,* IV,1, in *NPNF* 2-IV, pp. 515-516

87) Eusebius, *Vita Constantini,* III,25-41, in *NPNF* 2-I, pp. 526-530

88) Socrates, *H.E.*, I,28, in *NPNF* 2-II, p. 30

89) Drobner, *ibid.*, p. 353

90) Socrates, *H.E.*, I,28, in *NPNF* 2-II, p. 30

91) Socrates, *H.E.*, I,31, in *NPNF* 2-II, p. 31

92) Socrates, *H.E.*, I,32-33, in *NPNF* 2-II, pp. 31-32

93) Drobner, *ibid.*, pp. 288-289, 310, 341

94) Sozomenus, *H.E.*, II,28, in *NPNF* 2-II, p. 278 및 Socrates, *H.E.*, I,34, in *NPNF* 2-II, p. 32

95) Socrates, *H.E.*, I,35, in *NPNF* 2-II, p. 33

96) Athanasius, *Festal letter,* X,2, in *NPNF* 2-IV p. 528

97) Sozomenus, *H.E.* II, 31, in *NPNF* 2-II, p. 280

98) Socrates, *H.E.*, I,38, in *NPNF* 2-II, p. 34

99) Athanasius, *Ad Serapionem de morte Arii,* 3, in *NPNF* 2-IV p. 565

100) Socrates, *H.E.*, I,38, in *NPNF* 2-II, pp. 34-35

101) Athanasius, *Ad Serapionem de morte Arii,* 5, in *NPNF* 2-IV p. 566

102) Gibbon, *ibid.*, p. 222

VI 추방과 복귀

103) Arthur Cushman McGiffert, Prolegomena of *H.E.*, in *NPNF* 2-I, p. 25

104) 조인형,《초기기독교사 연구》, 한국학술정보, 2002, p. 280

105) Eusebius, *Vita Constantini,* IV,62, in *NPNF* 2-I, p. 556

106) 조인형, *ibid.*, p. 283

107) 조인형, *ibid.*, pp. 285-286

108) 한국가톨릭대사전 ; 콘스탄티누스 증여문서

109) Athanasius, *Ad Constantium,* 5, in *NPNF* 2-IV, p. 240

110) Drobner, *ibid.*, p. 353

111) Athanasius, *Festal letter,* XI,12, in *NPNF* 2-IV, p. 537

112) Athanasius, *Epistula Encyclica,* 3, in *NPNF* 2-IV, p. 94

113) Socrates, *H.E.,* IV,23, in *NPNF* 2-II, pp. 108-109

114) Bruce, *The Canon of Scripture,* Downers Grove : InterVarsity Press, 1988, p. 221,

115) Arthur Cushman McGiffert, Prolegomena of *H.E.,* in *NPNF* 2-I, p. 26

116) Drobner, *ibid.,* p. 310

117) Schaff, *ibid.,* p. 634

118) Drobner, *ibid.,* p. 311, 353

119) Additional note on *Apologia contra Arianos,* 50, in *NPNF* 2-IV, p. 147

120) Socrates, *H.E.,* II,20, in *NPNF* 2-II, p. 47

121) Socrates, *H.E.,* II,22, in *NPNF* 2-II, p. 49

122) Athanasius, *Apologia contra Arianos,* 51, in *NPNF* 2-IV, pp. 127-128

123) A. Robertson, Prolegomena of *NPNF* 2-IV, p. xlvii

124) Socrates, *H.E.,* II,23, in *NPNF* 2-II, p. 49

125) Athanasius, *Festal Letter,* XIX, in *NPNF* 2-IV, pp. 544-548

126) Athanasius, *Historia Arianorum,* 25, in *NPNF* 2-IV, p. 278

127) Molley, *ibid.,* p. 66

128) 시오노나나미, *ibid.* 14권, p. 64

129) Sulpitius Severus, *Sacred History* II,38, in *NPNF* 2-XI, p. 115

130) Athanasius, *Ad Constantium,* 6-13, in *NPNF* 2-IV, pp. 240-243

131) 김광채,《교부 열전》中卷, 기독교문서선교회, 2005, p. 41 (그는 Hanson과 Seeck의 연구를 인용한다.)

132) Athanasius, *Ad Constantium,* 14, in *NPNF* 2-IV, p. 243

133) Athanasius, Ad *Constantium,* 15, in *NPNF* 2-IV, p. 243

134) Gibbon, *ibid.,* p. 238 (註 58)

135) Athanasius, *Ad Constantium,* 27, in *NPNF* 2-IV, p. 248와 *De Fuga,* 4, p. 256

136) Athanasius, *Historia Arianorum,* 39, in *NPNF* 2-IV, p. 283

137) Athanasius, *Historia Arianorum,* 44, in *NPNF* 2-IV, p. 285

138) Athanasius, *De Fuga,* 24, in *NPNF* 2-IV, pp. 263-264

139) Socrates, *H.E.,* II,13, in *NPNF* 2-II, p. 41

140) Socrates, *H.E.,* II,17, in *NPNF* 2-II, p. 43

141) Athanasius, *Historia Arianorum,* 7, in *NPNF* 2-IV, p. 272

142) Gibbon, *ibid.,* pp. 249-250

143) Gibbon, *ibid.,* p. 258

Ⅶ 사막의 교부

144) Lucien Regnault, 《사막 교부 이렇게 살았다》, 허성석 옮김, 분도출판사, 2006, p. 27

145) Palladius, *Historia Lausiaca*, 7,2, trans. by Robert T. Meyer, in *The Lausiac History*, New York : Newman Press, 1964, p. 40

146) Molley, *ibid.*, pp. 10-11

147) Jesus Alvarez Gomez, *ibid.*, p. 132

148) 남성현, *ibid.*, p. 92

149) Athanasius, *Ad Constantium*, 30, in *NPNF* 2-IV, pp. 249-250

150) Athanasius, *De Fuga*, 21-22, in *NPNF* 2-IV, pp. 262-263

151) Palladius, *Historia Lausiaca*, 63, pp. 144-145

152) Athanasius, *Vita Antonii*, 69, trans. by Robert C. Gregg in *The life of Antony and the letter to Marcellinus*, New York : Paulist Press, 1980, p. 82

153) A. Robertson, Prolegomena of *NPNF* 2-IV, p. lxxxvi

VIII 하나이면서 셋

154) Gibbon, *ibid.*, p. 225

155) 시오노 나나미, *ibid.* 14권, pp. 221-222

156) Gibbon, *ibid.* pp. 346-347

157) *Historia Acephala*, 6-8, in *NPNF* 2-IV, pp. 497-498

158) *Historia Acephala*, 9-10, in *NPNF* 2-IV, p. 498

159) Hilarius, *De Synodis*, in *NPNF* 2-IX, pp 6-7

160) Schatz, *ibid.*, p. 49

161) Drobner, *ibid.*, p. 315 (이 교의서간의 영어 번역문은 *NPNF* 2-IV, pp. 483-486 참조)

162) Gibbon, *ibid.*, pp. 351-352 (A. Robertson은 *NPNF* 2-IV의 서문에서 이 편지를 언급한다. p. lix)

163) Socrates, *H.E.*, III,14, in *NPNF* 2-II, p. 86

164) *Historia Acephala*, 13, in *NPNF* 2-IV, p. 498

165) Sozomenus, *H.E.*, V,15, in *NPNF* 2-II, p. 336

166) *Festal Index*, XXXV, in *NPNF* 2-IV, p. 505 및 *Historia Acephala*, 13, in *NPNF* 2-IV, p. 498

167) Athanasius, *Letter* LVI, in *NPNF* 2-IV, p. 567

168) Socrates, *H.E.*, IV,13, in *NPNF* 2-II, p. 103

IX 성경의 정경화

169) Metzger, *The Canon of the New Testament. Its Origin, Development, and Significance*, New York : Oxford University Press, c1987, p. 292 (Appendix I)

170) Athanasius, *De Decretis*, 18, in *NPNF* 2-IV, p. 162

171) 한국가톨릭대사전 ; 외경

172) Metzger, *An Introduction to the Apocrypha*, New York : Oxford University Press, c1957. pp. 3-4

173) Metzger, *The Canon of the New Testament*, p. 282

174) Metzger, *An Introduction to the Apocrypha*, p. 10

175) Metzger, *An Introduction to the Apocrypha*, pp. 7-8

176) 한국가톨릭대사전 ; 칠십인역

177) Metzger, *An Introduction to the Apocrypha*, p. 9

178) Ehrman, *Lost Christianity*, New York : Oxford University Press, 2003, p. 232 (註 7, p. 276)

179) Metzger, *An Introduction to the Apocrypha*, pp. 179-180

180) Metzger, *An Introduction to the Apocrypha*, p. 183

181) Metzger, *An Introduction to the Apocrypha*, p. 189

182) 송혜경 역주, 《신약 외경 (상권 : 복음서)》, 한님성서연구소, 2009. p. 51

183) Metzger, *An Introduction to the Apocrypha*, pp. 249-250 (Appendix II)

184) Athanasius, *Festal Letter*, XXXIX,5, in *NPNF* 2-IV, p. 552

185) Iustinus, *Apologia Prima*, 67, in *ANF-I*, pp. 185-186

186) Metzger, *The Canon of the New Testament*, pp. 92-93

187) Tertullianus, *De Praescriptione Haereticorum*, 38, in *ANF-III*, p. 262

188) Drobner, *ibid.*, p. 160

189) 무라토리 정경의 라틴어 전문 및 한글 번역은 장동수, 《신약성서 사본과 정경》, 침례신학대학교출판부, 2005, pp. 271-283 참조. 영어 번역문은 Metzger, *The Canon of the New Testament*, pp. 305-307 (Appendix IV) 참조.

190) Athanasius, *Festal Letter*, XXXIX, in *NPNF* 2-IV, p. 552

191) Metzger, *The Canon of the New Testament*, p. 285

192) Dassmann, *ibid.*, p. 296

X 최후의 승리

193) *Festal Index*, XLI, in *NPNF* 2-IV, pp. 505-506

194) Athanasius, *Festal Letter*, XLV, in *NPNF* 2-IV, p. 553

195) A. Robertson, *Introduction of Historia Acephala*, in *NPNF* 2-IV, p. 495

196) Athanasius, *Festal Letter*, XIII,6, in *NPNF* 2-IV, p. 541

197) 시오노 나나미, *ibid.* 14권, p. 334

198) Schaff, *ibid.*, p. 639

199) Timothy D. Barnes, *Constantine and Eusebius*, Cambridge : Harvard University Press, 1981, p. 230

사막으로 간 대주교

| 참고문헌 |

원전原典

ANF = Ante-Nicene Fathers : Translations of the Writings of the Fathers down to A.D. 325, Grand Rapids : WM. B. Eerdmans Publishing Company, 1979.
NPNF 2 = Nicene and Post-Nicene Fathers of the Christian Church, 2nd ser., Grand Rapids : WM. B. Eerdmans Publishing Company, 1979.

Athanasius, Ad Afros (Epistula ad Afros episcopus), in NPNF 2-IV. (이하 별도 표기 없는 아타나시우스 작품은 모두 NPNF 2-IV에서 참조)
    Ad Constantium (Apologia ad Constantium imperatorem)
    Ad Serapionem de morte Arii
    Apologia contra Arianos
    De Decretis (Epistula de decretis Nicaenae Synodi)
    De Fuga (Apologia de fuga sua)
    De Synodis (Epistula de synodis Arimini et Seleuciae celebratis)
    Epistula Encyclica (Epistula encyclica ad episcopus)
    Historia Arianorum (Historia Arianorum ad Monachus)
    Orationes contra Arianos
    Vita Antonii, in The life of Antony and the letter to Marcellinus, New York : Paulist Press, 1980. (trans. by Robert C. Gregg)
    Festal Letters (& Index)
    Personal Letters
(저자 불명) Historia Acephala, in NPNF 2-IV.
Eusebius, Historia Ecclesiastica (H.E.), in NPNF 2-I. (trans. by Arthur Cushman McGiffert)
    Vita Constantini, in NPNF 2-I. (trans. by Ernest Cushing Richardson)
Gregorius Nazianzenus, Oratio, in NPNF 2-VII. (trans. by Charles G. Browne and James E. Swallow)
Hilarius, De Synodis, in NPNF 2-IX. (trans. by E. W. Watson and L. Pullan)
Iustinus, Apologia Prima, in ANF-I. (trans. by A. Roberts and J. Donaldson)
Lactantius, De Mortibus Persecutorum, in ANF-VII. (trans. by A. Roberts and J. Donaldson)
Palladius, Historia Lausiaca, in The Lausiac History, New York : Newman Press, 1964. (trans. by Robert T. Meyer)
Socrates, Historia Ecclesiastica (H.E.), in NPNF 2-II.

Sozomenus, *Historia Ecclesiastica (H.E.)*, in *NPNF* 2-II.

Sulpitius Severus, *Sacred History*, in *NPNF* 2-XI.

Tertullianus, *De Praescriptione Haereticorum*, in *ANF*-III. (trans. by Peter Holmes)

Theodoretus, *Historia Ecclesiastica (H.E.)*, in *NPNF* 2-III. (trans. by Blomfield Jackson)

연구서

❖아타나시우스의 생애와 사상

Anatolios, Khaled, *Athanasius*, New York, NY : Routledge, 2004.

Barnes, Timothy D., *Athanasius and Constantius : theology and politics in the Constantinian empire*, Cambridge : Harvard University Press, 1993.

Molloy, Michael E., *Champion of Truth : The Life of Saint Athanasius*, Staton Island, NY : St. Pauls-Alba House, 2003.

Weinandy, Thomas G., *Athanasius : A Theological Introduction*, Burlington, VT : Ashgate Publishing Company, 2007.

❖교회사와 교부학

Stevenson, J., (ed. and trans.), *A New Eusebius : Documents illustrating the history of the church to AD 337*, rev. by W. H. C. Frend, London : SPCK, c1990.

Frend, W. H. C., *The Rise of Christianity*, Philadelphia : Fortress Press, 1989.

Hanson, R. P. C., *The search for the christian doctrine of God : the Arian controversy 318-381*, Edinburgh : T. & T. Clark, 1988.

Schaff, Philip, *History of the christian church vol. III (Nicene and Post-Nicene Christianity from Constantin the Great to Gregory the Great, AD 311~600)*, Michigan : WM. B. Eerdmans Publishing Company, 1977.

Drobner, Hubertus R., 《교부학》, 하성수 옮김, 분도출판사, 2001.

Dassmann, Ernst, 《교회사 I》, 하성수 옮김, 분도출판사, 2007.

Jedin, Hubert, 《세계 공의회사》, 최석우 옮김, 분도출판사, 2005.

Schatz, Klaus, 《보편 공의회사》, 이종한 옮김, 분도출판사, 2005.

Hamman, Adalbert G., 《교부들의 길》, 이연학 최원오 공역, 성바오로, 2002.

조인형, 《초기기독교사 연구》, 한국학술정보, 2002.

김광채, 《교부 열전》, 기독교문서선교회, 2005.

❖수도자와 수도 문화

Regnault, Lucien, 《사막교부 이렇게 살았다》, 허성석 옮김, 분도출판사, 2006.

Frank, Karl Suso, 《기독교 수도원의 역사》, 최형걸 옮김, 은성, 1997.

Gomez, Jesus Alvarez, 《수도생활 역사》, 강운자 옮김, 성바오로, 2002.

남성현, 《기독교 초기 수도원 운동사 : 파코미우스와 바실리우스》, 엠애드, 2006.

❖ 성경의 정경화

Bruce, F. F., *The Canon of Scripture*, Downers Grove : InterVarsity Press, 1988.

Metzger, Bruce M., *The Canon of the New Testament. Its Origin, Development, and Significance*, Oxford : Clarendon Press, 1977.

Metzger, Bruce M., *An Introduction to the Apocrypha*, New York : Oxford University Press, c1957.

Ehrman, Bart D., *Lost Christianity,* New York : Oxford University Press, 2003.

김정훈, 《칠십인역 입문》, 바오로딸, 2009.

송혜경 역주, 《신약 외경 (상권 : 복음서)》, 한님성서연구소, 2009.

장동수, 《신약성서 사본과 정경》, 침례신학대학교출판부, 2005.

❖ 역사서

Gibbon, Edward, 《로마제국 쇠망사》, 윤수인 외 공역, 민음사, 2008.

시오노 나나미, 《로마인 이야기》, 김석희 옮김, 한길사, 2008.

Norwich, John Julius, 《비잔티움 연대기》, 남경태 옮김, 바다출판사, 2007.

Clauss, Manfred, 《알렉산드리아》, 임미오 옮김, 생각의 나무, 2004.

❖ 기타

Oxford Latin Dictionary, Oxford : Oxford at the Clarendon, 1985.

《한국가톨릭대사전》, 한국교회사연구소, 2006(完刊).

《교황사전》, 가톨릭대학교 출판부, 2001.

《교부학 인명 · 지명 표준 용례집》, 한국교부학연구회, 분도출판사, 2008.

《제2차 바티칸 공의회 문헌》, 한국천주교중앙협의회, 2002.

| 연표 1 |

아타나시우스의 생애*

?(295-300)	출생
?	부제 수품
325	니케아 공의회 참석 (알렉산더 대주교 수행)
328.6.8	주교 수품 (대주교좌 착좌 : 7년 1개월 3일)
329, 330	교구 사목 방문 (파코미우스 공동체 방문)
331	콘스탄티누스 황제의 소환 (콘스탄티노플 체류)
332	알렉산드리아로 귀환
335.7.11	티루스 교회회의 참석 (1차 추방 : 2년 4개월 11일)
10.30	콘스탄티누스 황제에게 탄원 (콘스탄티노플)
336.2.8	트리어로 출발
337.7	세 황제 (콘스탄티누스의 아들들)와 만남 (비미나키움)
337.11.23	대주교좌 복직 (1년 4개월 24일)
338.6.27	안토니우스 알렉산드리아 방문 (아타나시우스 지지 연설)
338	콘스탄티우스 황제 면담 (카파도키아)
339.1.	안티오키아 교회회의, 아타나시우스 파면
4.16	로마로 도피 (2차 추방 : 7년 6개월 3일)
342.5	밀라노로 출발
343.부활절	트리어 방문
7	사르디카 교회회의 참석
344.부활절	나이수스 방문

---

* 주요 사건의 연월일은 A. Robertson, Prolegomena of *NPNF* 2-IV, pp. lxxxv-lxxxvii 참조. 추방과 복직의 기간 계산은 *Historia Acephala,* in *NPNF* 2-IV, pp. 496-499 참조

사막으로 간 대주교

4세기 로마제국 교회·정치사

교 회		정 치	
		275	콘스탄티누스 출생
298(?)	아타나시우스 출생		
		306	콘스탄티누스 서방 부제 즉위
		312	콘스탄티누스 서방 정제 즉위
313	밀라노 칙령 공포		
314	교황 실베스테르 1세 즉위		
320(?)	알렉산드리아 교회회의(아리우스 파문)		
		324	콘스탄티누스 황제, 제국 통일
325	니케아 공의회 개최완공		
		330	새 수도 콘스탄티노플 완공
335	티루스 교회회의		
	예루살렘 교회회의		
336	아리우스 사망		
337	교황 율리우스 1세 즉위	337.5.22	콘스탄티누스 황제 사망
		337.7	제국 3분할 체제로 재편(콘스탄티누스 2세, 콘스탄티우스, 콘스탄스)
338	알렉산드리아 교회회의		
339	안티오키아 교회회의		
		340	콘스탄티누스 2세 사망
341	안티오키아 교회회의 로마 교회회의		
343	사르디카 교회회의		

사막으로 간 대주교

교 회	정 치
346. 5. 9 파코마우스 사망	
	350 콘스탄스 사망
351 시르미움 교회회의 (1차)	마그넨티우스 서방 황제 참칭
352 교황 리베리우스 즉위	
353 아를 교회회의	353. 8. 11 콘스탄티우스, 제국 통일
355 밀라노 교회회의	
356. 1. 17 안토니우스 사망	
357 시르미움 교회회의 (2차)	
359 리미니 · 셀레우키아 교회회의	
	361. 11. 3 콘스탄티우스 사망, 율리아누스 즉위
362 알렉산드리아 교회회의	
	363. 6. 26 율리아누스 사망, 요비아누스 즉위
	364. 2. 17 요비아누스 사망
	발렌티니아누스, 발렌스 공동황제 즉위
366 교황 다마수스 1세 즉위	
367 아타나시우스, 신약 정경 목록 발표	
373. 5. 2 아타나시우스 사망	
	379. 1. 19 테오도시우스 황제 즉위
381 콘스탄티노플 공의회	
	395 테오도시우스 황제 사망

| 찾아보기 |

사막으로 간 대주교

사막으로 간 대주교

273

찾아보기

ㅋ

사막으로 간 대주교

4세기 로마제국 지도

코르도바

히스파니아

모리타니아

아퀴타니아

루그두넨시스

브리타니아

빠기카

트리어

라인 강

아를

론 강

누미디아

도나우 강

라이티아

판노니아

아우구스타 빈델리쿰

게르마니아

시르뮴

밀라노

알프스 산맥

달마티아

일리리쿰

티소 강

다키아

아테네

아퀼레이아

마케도니아

콘스탄티노플

트라키아

마시아

다뉴브 강

지 중 해

키레나이카

리비아

에페소

니코메디아

니케아

비티니아

흑 해

프리기아

카파도키아

할리스 강

아르메니아

알렉산드리아

이집트

나일 강

가바로르네

에부룸

시리아

다마스쿠스

안티오키아

메소포타미아

유프라테스 강

티그리스 강

아라비아